KB076488

영화 스토리텔링

아모르문디 영화 총서 １

영화 스토리텔링

개정판 펴낸 날 2019년 4월 30일
개정판 4쇄 펴낸 날 2022년 11월 25일

지은이 | 김윤아
펴낸이 | 김삼수
편   집 | 김소라
디자인 | 최인경

펴낸곳 | 아모르문디
등   록 | 제313-2005-00087호
주   소 | 서울시 마포구 월드컵북로5길 56 401호
전   화 | 0505-306-3336 팩   스 | 0505-303-3334
이메일 | amormundi1@daum.net

ⓒ 김윤아, 2019 Printed in Seoul, Korea

ISBN 978-89-92448-79-6   94680
ISBN 978-89-92448-37-6(세트)

※ 이 도서의 국립중앙도서관 출판예정도서목록(CIP)은 서지정보유통지원시스템 홈페이지
(http://seoji.nl.go.kr)와 국가자료공동목록시스템(http://www.nl.go.kr/kolisnet)에서 이용하
실 수 있습니다.(CIP제어번호: CIP2019000000)

아모르문디 영화 총서·1
Amormundi Film Books

영화 스토리텔링

김윤아 지음

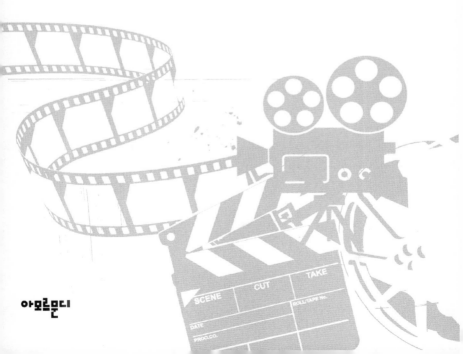

아모르문디

'아모르문디 영화 총서'를 시작하며

영화가 탄생한 것은 1895년의 일입니다. 서구에서 영화에 대한 이론적 담론은 그로부터 한참 뒤인 1960년대에야 본격화되었습니다. 한국에서는 1980년대 후반의 일이었습니다. 대학원에 영화학과가 속속 생겨나면서 영화는 비로소 학문의 영역으로 들어왔고 연구자들에 의해 외국 서적들이 번역·소개되기 시작했습니다. 1990년대 중반까지만 해도 외국어로 된 책을 가지고 동아리 모임이나 대학원에서 함께 공부하고 토론했던 기억이 새롭습니다. 매일 선배나 동료들에게 애걸복걸하며 빌리거나 재복사를 한, 화면에 비가 내리는 비디오테이프를 두세 편씩 보고서야 잠이 들고 다른 언어로 된 이론서를 탐독하며 보냈던 시절은 어느덧 지나간 듯합니다. 이제는 구할 수 없는 영화가 없고 보지 못할 영화도 없습니다. 그럼에도 오늘 한국의 영화 담론은 어쩐지 정체되어 있는 듯합니다. 영화 담론의 장은 몇몇 사람들만의 현학적인 놀이터가 되어가고 있는 느낌입니다.

　최근 한국의 영화 담론은 이론적 논거는 부실한 채 인상비평만 넘쳐나고 있습니다. 전문 영화 잡지들이 쇠퇴하는 상황에서 깊이 있는 비평과 이해는 점점 더 찾아보기 어려워지고 있습니다. 대학과 현장에서 사용하는 개론서들은 너무 오래전 이야기에 머물러 있고 절판되어 찾아보기 힘든 책들도 많습니다. 인용되고 예시되는 장면도 아주 예전 영화의 장면들입니다. 영화는 눈부신 속도로 발전하고 있는데, 그에 대한 이론적 논의는 그 속도를 따라가지 못하는 형국입니다. 물론 이론적 담론이 역동적인 영화의 발전 속도를 바로바로 따라잡기란 쉽지 않은 일입니다. 그럼에도 당대의 영화 예술에 대한 깊이 있는 이해는 비평적 접근을 통해서만 가능하다고 믿습니다. 이에 뜻을 함께하는 영화 연구자들이 모여 '아모르문디 영화 총서'를 시작하고자 합니다.

'아모르문디 영화 총서'는 작지만 큰 책을 지향합니다. 책의 무게는 가볍지만 내용은 가볍지 않은 영화에 관한 담론들이 다채롭게 펼쳐질 것입니다. 또한 영화를 이미지 없이 설명하거나 스틸 사진 한두 장으로 논의하던 종래의 방식을 벗어나 일부 장면들은 동영상을 볼 수 있도록 기획하였습니다. 예시로 제시되는 영화들도 비교적 최근의 영화들로 선택했습니다. 각 권의 주제들은 독립적이면서도 서로 연관관계를 갖도록 설계했습니다. '아모르문디 영화 총서'는 큰 주제에서 작은 주제들로 심화되는 방향으로 구성되어 있습니다.

정체되어 있는 한국 영화 담론의 물꼬를 트고 보다 생산적인 논의들이 확장되고 발전하는 데 초석이 되었으면 하는 것이 '아모르문디 영화 총서'의 꿈입니다. 영화 담론의 발전이 궁극적으로 영화의 발전을 가져올 것이고 그 영화를 통해 우리의 삶이 더 풍요롭고 의미 있는 것이 되었으면 합니다.

기획위원 김윤아

들어가는 글

영화 총서의 첫 권이 영화 스토리텔링에 관한 책인 이유는 120년 전 영화 카메라가 나오고부터 이야기의 혁명이 일어났기 때문입니다. 그림을 보거나 책을 읽거나 음악을 듣거나 하는 것처럼 하나의 감각기관에 호소하던 이야기들이 눈앞에서 실제로 움직이는 이야기가 되어 동시에 보고 듣게 된 것입니다. 물론 처음부터 소리가 있었던 것은 아닙니다. 1927년 사운드 기술이 발달하면서 영화에 소리가 생기지만 그 이전에도 영화를 볼 때는 이야기를 말해주는 변사나 연주 음악들이 있었습니다. 고요한 가운데 움직이는 사진만을 본 것이 아닙니다. 연극도 있었지만 연극은 한 번의 상연으로 끝납니다. 똑같은 연극을 다시 볼 수는 없었지요. 그렇게 영화 자체에 소리가 생긴 이후, 연기와 움직임이 기록되고 여러 곳에서 동시에 상영이 되면서 다시 100년이 흘렀습니다. 오늘날 영화는 명실상부한 인간 삶의 중심적인 예술이 되었고, 스릴 넘치는 오락인 동시에 삶의 위안과 감동을 주는 최고의 대중 매체가 되었습니다. 정말 다양한 많은 이야기들이 쏟아지고 영화기술은 눈부시게 발달해서 영화의 장면들은 더 짜릿하고 스펙터클해지고 있습니다. 우리는 영화 속에서 우주를 유영하고 옛 신라의 달빛 아래서 놀 수도 있고, 해저 이만 리도 갈 수 있습니다. 그런 영화들을 재미있고 감동적으로 만드는 기본이 '스토리'입니다. 영화의 스토리텔링은 그래서 영화 담론에 관해 말할 때 가장 먼저 논의해야 하는 것입니다.

책의 구성을 말씀드릴게요. 이 책은 이야기라는 것이 무엇인가 하는 의문을 푸는 데 1장을 할애하고 있습니다. 스토리와 플롯이 무엇인지에 대해서 설명하고 그 유명한 3막 구조와 영웅의 여행 모델에 대해서 알아봅니다. 그런 연후에 2장에서 이야기를 재미있게 하는 기술은 어떤 것들이 있는지 살펴봅니다. 이야기를 만드는 세 요소인 인물, 사건, 배경을 큰 틀로 삼았습니다. 인물 부분에서는 기본적인 인물 유형 이외에 융의 원형에 관해 적어봤고, 사건에서는 마스터 플롯으로서의 장르를 검토합니다. 특히 서술의 장은 이야기의 기술에 관한 내용이라 따로 독립시켰습니다. 영화에서는 시간을 어떻게 구성하는지, 서스펜스와 서프라이즈는 어떻게 만들어지는지, 목소리와 시점은 무엇인지에 대해 다뤘습니다. 주제에 따라 예를 드는 동영상을 링크해 놓았으니 설명과 함께 보시면 되겠습니다. 영화는 moving picture니까 꼭 함께 봐주세요!

이 책의 서술은 '말하듯이'가 기본 콘셉트이고, 어려운 용어도 '가능하면 쉽게'가 2차 콘셉트입니다. 딱딱한 이론서들은 공부를 업으로 삼는 사람들도 괴롭거든요. 이 책은 영화 스토리텔링의 베이직, 개론서이니 가끔 이론적인 용어들이 나와도 덮지는 말아주세요. 지나가니까요. 재미있는 영화를 재미있게 설명해 보도록 최선을 다하겠습니다. 그럼 이제 시작해볼까요?

차례

I. 셰에라자드를 아십니까?

　스토리텔링의 대가 셰에라자드를 아십니까? 김연아 선수
가 스케이팅하던 림스키코르사코프의 곡 '셰에라자드' 말고
요. 아라비아의 밤, 천 일하고 또 하루를 오로지 이야기로 살
아남은 셰에라자드 말이에요.

　오래전 페르시아 왕국에는 사랑하는 왕비가 부정을 저지
르자 모든 여자를 불신하게 된 술탄이 있었습니다. 분노에
찬 그는 밤마다 아름다운 처녀와 동침하고 다음날 죽이는 일
을 반복합니다. 이 만행을 보다 못한 그 나라 대신의 현명한
딸 셰에라자드가 술탄의 침소에 들어가기를 자청합니다. 그
날 밤부터 셰에라자드는 기지를 발휘해 술탄에게 재미있는
이야기를 들려주기 시작합니다. 자신의 이야기가 재미없으면
그 자리에서 죽여도 좋다고 말합니다. 이야기가 재미있는 동
안만 목숨을 부지하는 조건이었던 거죠. 그런데 그 이야기가
재밌었던 술탄은 그녀를 죽이지 않았어요. 천 일하고도 하룻
밤 동안 이야기를 듣습니다. 셰에라자드에게는 '이야기가 곧
삶'이었던 것이고, 술탄에게는 '이야기가 곧 힐링'이었던 겁

니다. 오히려 술탄은 얼음 같은 마음이 풀려 그녀를 사랑하게 되었고 새 왕비로 맞아들입니다. 그리고 나라는 평안해집니다. 그 유명한 『아라비안나이트』, 천일야화는 이렇게 만들어졌습니다. 림스키코르사코프는 이 셰에라자드의 이야기에 영감을 받아서 음악을 작곡했던 것이고요.

셰에라자드가 구사한 스토리텔링의 비밀은 무엇이었을까요? 총명한 그녀는 매일 밤 이야기를 아주 재미있는 부분까지 하고는 "전하, 오늘은 여기까지, 다음 시간에 계속됩니다 to be continued…" 하는 전략을 쓰거든요. 어린 시절, 재미있는 이야기를 듣다가 멈추게 되면 더 해 달라고 떼를 쓰던 기억이 있지 않나요? 흥미진진한 드라마가 끝나는 것은 무엇보다 아쉬운 일입니다. 이것이 바로 셰에라자드의 지혜, 스토리텔링의 비밀입니다. 정보의 지연을 통해 듣는 사람에게 궁금증과 호기심을 유발한 것이 밤마다 죽음을 피하고 스토리텔링을 이어가게 한 것이죠. 처음부터 결말을 다 가르쳐 주면 안 됩니다.

그렇다면 스토리텔링이란 무엇일까요? 너무 일반적으로 쓰이는 말이 되어버려서 정확히 무엇을 의미하는지, 어디까지를 스토리텔링이라고 하는지 알기 쉽지 않습니다. 스토리텔링(storytelling)의 원뜻은 말 그대로 '이야기를 말하는 것'입니다. 셰에라자드가 동영상을 보여주진 않았겠지만 술탄에게 밤마다 재미있는 이야기(story)를 생생하게 말한 것이죠.

11

'tell'이 아니라 'telling', 곧 진행형이니까 이야기를 하고 있는 생동감과 현재성이 더 느껴집니다. 그러니까 스토리텔링은 하나의 이야기에 더하여 그 이야기를 말하는 행위까지 포함하는 것입니다. 지금도 밤마다 『아라비안나이트』를 읽는 사람에게는 귀를 쫑긋하게 하는 이야기를 끌어가는 셰에라자드가 이야기 속 스토리텔러인 것이죠.

1. 서사와 디에게시스

서사(narrative)란 간단히 말하면 '사건의 재현(representation)' 혹은 '사건의 연속'을 의미합니다. 사전적으로는 "서사는 하나 또는 그 이상의 실제 혹은 허구적 사건들이 하나 혹은 그 이상의 '서술자'에 의해 '피서술자'에 전달되는 재진술"입니다. 아주 쉽게 '누군가가 다른 사람한테 다시 말하는 어떤 이야기'라고 이해할 수 있습니다. 말을 하는 누군가는 소설가일 수도 있고, 영화감독일 수도 있고, 어린 시절 재미있는 이야기를 해주시던 할머니일 수도 있어요. 다른 사람은 이야기를 듣는 사람, 영화의 관객입니다. 어떤 이야기라는 것이 우리가 흔히 말하는 스토리인 것이죠. 그 사건을 직접 경험하는 것이 아니라 이야기를 통해 보고 듣는 것입니다.

아주 오래전, 아리스토텔레스는 허구적인 서사의 두 가지 유형을 구분했습니다. 미메시스(mimesis, 보여주기)와 디에게시스(diegesis, 이야기하기)가 그것이죠. 말하는 것이 문학과 소설의 영역이라면 이미지를 보여주는 것은 연극과 미술의 영역에 가깝죠. 영화는 이 두 영역이 합쳐진 서사체입니다. 스크린 위에서 우리는 완벽하게 보고 듣습니다. 더욱이 영화는 움직입니다. 우리의 눈은 고정되어 있는 것보다 움직이는 것에 예민하고 빠르게 반응합니다. 이전의 매체들보다 훨씬 더 역동적이고 거부할 수 없이 매혹적입니다. 눈앞에 벌어지는 사건들이 진짜 현실 같아요. 어떤 영화들은 속도와 스펙터클까지 있습니다. 그래서 영화의 서사를 설명하는 것이 복잡하지만 용어들이 조금만 익숙해지면 아주 흥미롭습니다.

영화 스토리텔링에는 이렇게 이미지 쇼잉(image-showing)의 요소들이 녹아 있습니다. 이 이미지 쇼잉이 스토리텔링만큼이나 힘을 발휘하는 것이 영화입니다. 소설과 다릅니다. 그러니까 이야기와 이미지가 조화를 이루어 눈앞에 펼쳐지는 것, 문학과 연극의 두 요소를 모두 가진 것이 영화 스토리텔링입니다. 그래서 영화는 동원할 수 있는 이야기 기술의 범위가 매우 넓고, 정말 복잡한 매체입니다. 이 작은 책은 영화의 서사, 그중에서도 디에게시스, '이야기하기(storytelling)'에 관한 책입니다.

2. 스토리와 플롯

우리는 종종 '그 영화의 스토리가 어때?' 혹은 '그 드라마는 스토리가 별로야.' 같은 이야기들을 합니다. 여기서 스토리(story)는 무엇일까요? 가장 쉽게 다가오는 것은 '이야기'입니다. 어느 한 부분의 이야기가 아니라 '총체적인 이야기'를 말하죠. 그런데 그 이야기를 말하는 방식이 각양각색 천차만별입니다.

두 친구가 함께 나를 만나러 오다가 어떤 특별한 사건을 겪었다고 해볼까요? 약속 장소에 오는 길에 어떤 두 사람이 싸우는 것을 구경했다고 쳐요. 그 상황을 설명하는데, 한 친구의 이야기는 아주 재밌고 다른 친구의 이야기는 재밌게 들어주려고 해도 재미가 없습니다. 이런 경험 있으시죠? 아마 재미있게 말하는 친구는 사건들의 앞뒤를 나름대로 추측해서 설명하고 그 상황의 묘사를 현실감 있게 말했을 거예요. 그러면 듣는 사람이 몰입이 되잖아요. 어쩌면 목소리의 높낮이, 말소리의 크기까지도 흉내 내서 말할지도 몰라요. 싸우는 사람들 옆으로 차가 빵빵대고 지나갔다거나, 동네 사람들이 시끄럽다고 소리를 질렀다는 주변 상황 설명까지 했다면 이야기가 더 흥미진진해졌겠죠. 그 친구는 싸우던 사람들의 옷차림이나 말투에서 드러나는 성격까지 말할 수도 있고 그들이 왜 싸우는지도 설명하겠죠. 아마 그들이 대거리하는 소리를 듣고 친구가 추측한 것일 테죠. 싸우는 사람들이 구경하는 사람들한테 설명을 하지는 않았을 것 같으니까요. 반면, 재미없이 말하는 친구의 이야기는 이런 요소들 없이 그저 '그런 일이 있었어.' 정도로 끝났을 수도 있어요. 호기심을 불러일으키지도 않고, 흥분되지도 않고, 심지어 궁금하지도 않습니다. 두 친구의 차이, 그것이 바로 스토리텔링의 기술입니다. 한 사람은 듣는 사람의 관심과 기대를 조절하며 더 듣고 싶은 마음이 들게 만들지만, 다른 친구의 이야기는 지루해서 더는 듣고 싶지가 않죠. 이야기를 재밌게 구사하는 친구의 스토리텔링은 장면 묘사와 사건의 서술이 잘 섞여 있어서 내가 이야기를 입체적으로 재구성하게 해 줍니다. 장면 묘사라는 것은 이미지를 보여주는 것입니다. 스토리의 진행과는 크게 상관이 없을 수도 있지요.

1) 연대기적 이야기, 스토리

스토리는 인물과 배경의 도움으로 이루어지는 '사건들의 연쇄'입니다. 그리고 그 사건들의 연쇄 방식은 시간의 순서에 따르기도 하고, 그렇지 않을 수도 있습니다. 러시아 형식주의 이론가들은 이를 파블라(fabula)와 슈제트(syuzhet)라는 용어로 설명합니다. 시간의 순서대로 사건이 제시되는 것을 파블라, 그렇지 않고 이야기들의 순서를 재구성하는 것이 슈제트입니다. 그러니까 파블라는 스토리에 해당하고 슈제트라는 것이 바로 플롯(plot)에 해당한다고 볼 수 있죠. 복잡한 것 같지만 이야기를 설명하려는 시도들이니 어려워할 이유는 없는 것 같아요.

백설공주 이야기를 예로 들어 볼게요. 우리는 백설공주 이야기를 처음부터 끝까지 시간의 순서에 따라 이야기할 수 있습니다. 어느 추운 나라의 아름다운 왕비가 수를 놓다가 손가락을 찔리고 그 핏빛 같은 빨간 입술과 눈 같은 하얀 피부와 흑단 같은 검은 머리칼을 가진 공주를 낳고 죽습니다. 백설공주는 거울에게 세상에서 누가 제일 예쁘냐고 묻는 계모 왕비에 의해 궁궐에서 쫓겨나고 숲속 일곱 난쟁이들의 집에서 살게 됩니다. 일곱 난쟁이들과 행복한 나날을 보내던 백설공주는 방물장수로 변장하고 찾아온 사악한 왕비가 준 독

☞ **블라디미르 프롭과 민담 형태론**

1928년 소련의 학자였던 블라디미르 프롭은 수많은 러시아의 민담을 수집하여 그 이야기들의 단위를 구분했습니다. 프롭은 『민담의 형태론』에서 세상의 모든 이야기의 단위들을 31개의 기능(function)으로 나누죠. 그는 영웅이 길을 떠난다. 영웅이 어려운 임무를 수행한다. 가짜 영웅이 나타난다. 영웅이 결혼하여 왕좌에 오른다와 같은 이야기의 패턴들을 찾아냅니다. 그런 패턴들에 번호를 붙여서 ①③⑤⑦로 연결하면 이런 종류의 이야기가 되고, ②④⑥⑧로 연결하면 저런 종류의 이야기가 된다는 식의 이야기 패턴 연구를 했습니다. 프롭의 이론 체계는 현대 기호학과 서사이론에 막대한 영향을 끼쳤습니다.

사과를 먹고 살해당합니다. 죽은 백설공주의 장사를 치르던 숲에 고귀한 옆 나라 왕자가 찾아옵니다. 관 속에 누워 있는 백설공주의 아름다운 모습에 마음을 빼앗긴 왕자는 그녀에게 키스하고 백설공주는 되살아납니다.* 키스로 부활해 결혼을 하고 두 사람은 오래오래 행복하게 잘 살았다는 이야기입니다. 이것이 연대순으로 말하는 스토리, 즉 파블라입니다. 이 이야기 단위들에 시간의 순서에 따라 번호를 부여할 수 있습니다. 편의상 백설공주 이야기를 ①~⑦까지 이야기 단위들을 가지고 있다고 가정해 보죠.

시간 순서를 따르지 않으면 같은 이야기지만 아주 다르게 말할 수 있습니다. 연대순이 아니라 백설공주가 일곱 난쟁이 집에 살게 되는 장면부터 이야기를 시작할 수도 있어요. 백설공주가 계모 왕비에게 핍박받은 이야기를 회상(flashback) 장면으로 이야기할 수도 있고 그런 회상 장면들에서 다시 말하는 현재의 사건, 가령 왕자의 키스 장면으로 넘어올 수도 있겠죠. 이야기 단위의 변호가 ④①②③⑤⑥⑦의 순서로 진행될 수 있습니다. 숫자를 잘 보셔야 합니다. 아니면 공주

---

* 이 이야기 전개는 디즈니판입니다. 원래 그림형제의 백설공주 이야기에선 시종들이 백설공주의 관을 들고 가다 삐끗하는 바람에 목을 막고 있던 독 사과의 조각이 빠져 나와 살아납니다. 그리고 왕자와 백설공주의 결혼식에 계모가 와서 불에 달궈진 쇠신을 신고 죽을 때까지 춤을 췄다는 결말이죠. 이야기는 이렇게 다양하게 바꿔 말할 수 있습니다. 여기서는 이야기의 구조를 설명하려는 것이니 다소간의 변형은 상관이 없습니다.

의 탄생 장면까지 말하지 않고 ⑥⑦②③④⑤(①은 생략)가
될 수도 있는 것이죠. 어떤 이야기 단위는 생략되기도 하고
가볍게 암시로 끝날 수도 있습니다.

2) 구성된 이야기, 플롯

플롯은 똑같은 이야기라도 시간 순서대로 밋밋하게 전개
하는 것보다는 인물의 내적인 심리를 따라간다거나 인과관
계를 따라가면서 사건들을 배열하고 재배치하면서 구성하는
것입니다. 이야기를 재밌게 잘하는 사람들은 대개 플롯을 잘
만드는 것이에요.

그런데 흥미로운 것은, 이야기를 듣는 사람이 시간 순서가
왔다 갔다 하는 뒤죽박죽의 이야기를 듣거나 읽었다 해도 이
뒤죽박죽으로 꼬여 있는 이야기를 연대기순으로 다시 구성
하려고 노력한다는 점입니다. 안 시켜도 그렇게 합니다. 시쳇
말로 개떡같이 말해도 찰떡같이 알아듣는다는 말이 이것입
니다. 누구나 엉성한 정보로라도 전체 이야기를 맞추어 내려
는 본능이 있습니다. 플롯을 듣거나 보고나서 스토리를 재구
성한다는 것이죠. 작가는 플롯을 만들고 관객은 그 플롯을
다시 헤쳐모여 해서 원래의 스토리를 파악하려 한다는 말입
니다. 인간에게는 확실히 이야기 본능이 존재하는 것 같아요.
셰에라자드처럼 이야기를 하는 본능과 술탄처럼 재미있는

이야기를 듣고자 하는 본능이 동시에 있는 것 같죠. 그래서 잘 짜여진 재미있는 플롯은 퍼즐을 푸는 듯한 즐거움을 선사합니다. 작가는 이리저리 플롯을 재미있게 구성하고 독자는 복잡하게 꼬여 있는 플롯을 스토리로 복원하려고 하죠. 스토리와 플롯은 확실히 다르죠? 스토리가 시간 순서에 따른 '원재료로서의 이야기'라고 한다면 플롯은 '가공된 이야기' 혹은 '구성된 이야기'라고 쉽게 이해할 수 있습니다.

이야기를 연구 대상으로 하는 서사학(narratology) 분야에서는 위와 같이 스토리와 플롯을 여러 가지 방식과 용어로 구분해요. 하지만 일상적으로 대화에 사용하는 스토리라는 용어는, 대개 플롯과의 구분 없이, 또는 플롯의 의미를 포함한 단어로 사용하는 경우가 많다는 것도 기억하세요.

3) 영화의 스토리와 플롯

그러면 영화의 스토리와 플롯의 관계는 어떨까요?

영화에서 스토리는 스크린 상에 보이는 사건과 드러나지 않는 사건들을 합한 것이라고 할 수 있습니다. '특정 시공간에서 발생하는 인과관계가 있는 사건들의 연쇄'라고 정의할 수 있어요. 영화이론에서 자주 사용하는 서사 혹은 내러티브(narrative)라는 용어는 스토리와 거의 비슷한 의미로 쓰입니다. 내러티브는 주로 소설을 연구하면서 쓰이기 시작한 용어예요. 그렇게 이야기에 대한 연구가 시작되었고 영화도 이야기의 하나니까 많은 학자들이 내러티브라는 말을 일반적으로 사용합니다. 영화학자 데이비드 보드웰은 내러티브를 '시간과 공간상에서 발생하는 인과관계를 갖는 사건들의 연쇄'라고 정의하고 이를 스토리와 같은 것으로 간주했습니다. 저도 이 구분을 따르려고 합니다.

영화는 스크린 위에 소리와 이미지로 어떤 이야기를 재현*합니다. 그래서 보드웰은 영화에서 스토리와 플롯은 스크린상의 사건들을 공유하지만 각기 다른 여집합을 가진다고 보았어요. 보드웰에게 영화의 스토리는 화면상에 나타나는 사건과 관객들이 그것을 보고 추측하는 사건의 합입니다. 사건의 측면에서는 묘사된 사건과 추측된 사건을 모두 스토리라고 설명합니다. 영화의 플롯은 화면 속에서 시각적, 청각적으로 나타나는 모든 것입니다. 영화의 크레딧이나 배경음악 같은 요소들도 포함합니다. 본 영화가 시작되거나 끝나면 스크린 속에 벌어지는 사건이나 내용과는 무관해 보이는 크레딧이나 배경음악이 나타납니다. 그런데 사실 무관한 것이 아닙니다. 특히 영화의 앞부분에 보이는 감독, 등장인물, 작가들

---

* 재현(representation)은 영화가 현실처럼 보이지만 현실이 아니란 것을 말합니다. 어떤 사건이나 현상을 다시 보여주는 것이라고 쉽게 설명해볼 수 있어요. 그래서 모든 극영화는 재현입니다. 뉴스필름과는 다른 것이죠. 그런데 이 재현이라는 말이 문제적이에요. 백인들이 영화에서 흑인들을 어떻게 재현하는지, 미국인들의 시선으로 베트남이 어떻게 재현되는지는 결국 시선과 권력의 문제가 됩니다.

의 이름과 시그널 시퀀스는 중요합니다. 그것들의 스타일이나 분위기 혹은 제시되는 감독과 배우들의 이름은 오프닝 시퀀스와 함께 전개될 영화의 발전 방향과 결말을 암시하기도 하고 주제를 설정하는 역할을 하기 때문입니다. 또 누가 감독을 했고 어떤 배우와 스텝들이 만들었나 하는 정보를 주기도 하는데, 어떤 관객들은 그 정보로 영화의 영상 스타일이나 이야기 방식을 짐작하기도 합니다. 관객은 그 감독의 스타일을 상상할 수도 있고 더 깊이 이해할 수도 있습니다. 어떤 특정한 내용을 기대하기도 하겠죠. 그러니까 모든 사건이나 스토리와 무관하게 영화에 부가적으로 주어지는 크레딧이나 배경음악 같은 정보들도 영화 서사의 일부라고 할 수 있습니다. 보드웰은 이것을 스토리가 아닌 플롯이라고 보는 것이죠. 우리가 보는 영화는 스크린 상의 모든 것, 벤다이어그램의 가운데 교집합 부분입니다.

시나리오 작가나 스토리텔러는 보이건 보이지 않건 스토리를 구성하는 모든 사건을 알고 있지만, 관객에게 보이는 것은 오직 스크린상의 사건뿐입니다. 관객은 스크린 상의 제한적인 장면들을 보면서 자신이 볼 수 없고 의도적으로 감추어진 스토리 사건들을 유추하게 됩니다. 영화를 다 보고난 관객은 플롯을 통해 전체 스토리를 이해하게 되는 겁니다. 그러니까 관객이 영화를 보는 과정은 플롯을 통해 전체 스토리를 재구성하는 거지요. 영화가 다 끝나도 관객이 전체 스

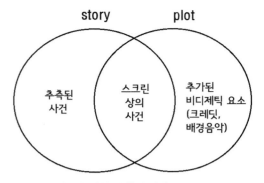

스토리=스크린 상의 사건+추측된 사건
플롯=스크린 상의 사건+추가된 비디제틱(non-diegetic) 요소

[그림1] 영화의 스토리와 플롯

토리를 이해하지 못한다면 그 영화는 서사적으로 문제가 있는 셈입니다.

복잡한 이론에 대해 살펴보았으니 실제로 특별한 시공간에서 주인공들에게 성격을 부여하고 사건들을 배열하여 작가가 자신을 표현하고 주제의식을 드러내는 스토리의 실체를 알아보기로 하겠습니다. 중고등학교 국어시간에 귀가 닳도록 들었고 금과옥조처럼 여겨지던 이야기의 단계들을 기억하시나요? 기-승-전-결, 기-서-결(이게 바로 3막 구조입니다), 발단-전개-위기-절정-결말과 같은 3단계에서 5단계에 이르는 이야기의 구조들이 있었습니다. 그중 많은 사람들이 영화 스토리텔링의 효과적인 방법으로 제시하는 '3막 구조'와 '영웅의 여행 모델'을 알아볼게요. 사실 이런 도식화나 신화의 구조들은 법칙이나 정답은 아닙니다. 이런 구조들에서 벗어나 있는 이야기들이 엄청나게 많기도 하고 이런 구조에 입각해서 만들어진 이야기라도 사람들이 모두 좋아하는 것도 아니에요. 그래도 영화 스토리텔링을 말할 때 빼놓으면 안 되는 방법론입니다.

3. 3막 구조가 별건가? 시작 - 중간 - 결말

비극은 완결되고 일정한 길이를 가진 전체 행동의 모방이다…. 전체는 시작과 중간과 결말을 가지고 있다.(7장)
모든 비극(극적인 이야기)은 갈등과 해결을 가지고 있다. 오프닝 씬 이전의 사건들, 그리고 그 드라마 안의 사건들이 갈등을 구성하고 갈등 이후의 사건들이 해결을 구성한다. 나는 이야기의 시작에서부터 주인공의 운명이 바뀌는 지점까지를 갈등이라고 생각하고, 주인공의 운명이 바뀐 이후부터 결말까지를 해결이라고 생각한다.(18장)

위 인용문은 아리스토텔레스의 『시학』 중 일부입니다. 아리스토텔레스는 사실 3막 구조라는 말을 한 적이 없어요. 시작, 중간, 결말을 가진 잘 구축된 플롯에 대해 말하고 있을 뿐이죠. 더욱이 갈등의 구성과 그 해결에 대해 더 무게를 두고 있는 듯합니다. 아리스토텔레스의 『시학』은 영웅 주인공의 운명이 비극적으로 완결되는 이야기들을 대상으로 하고 있으며 희극에 대해서는 말하고 있지 않습니다. 그래서 미완

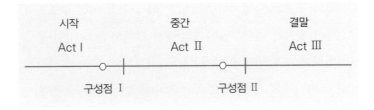

시작 　　　　중간 　　　　결말

Act I 　　　Act II 　　　Act III

구성점 I 　　　　　　구성점 II

성의 책이라고 알려져 있습니다.* 다음은 사이드 필드의 『시나리오란 무엇인가』에 나오는 3막 구조 그림입니다.

　그림에서 보듯이 1막은 이야기가 시작되는 장으로 배경과 인물의 소개가 이루어집니다. 〈반지의 제왕〉의 1막을 한번 생각해볼까요? 프로도와 빌보 배긴스, 간달프가 등장합니다. 물론 새롭고 중요한 인물이 꼭 1막에만 등장할 필요는 없습니다. 하지만 최소한 등장인물과 그 주변 인물이 드러나고 이 이야기가 어떤 시공간에서 펼쳐질지 알게 됩니다.

　1막은 인물과 배경의 소개뿐 아니라 영화 전체를 통해 해결해야 하는 문제나 사건의 발단이기도 합니다. 1막은 '행동의 최초 동기'로 시작되는데 이 최초의 동기는 스스로 시작되면서 동시에 인간의 의지로 수행되는 사건이기도 합니다. 생각지도 않은 소식이 온다거나, 숨겨져 있던 과거의 엄청난

---

* 아리스토텔레스의 『시학』에 미완성 부분인 희극론이 존재한다는 설정으로 쓰여진 소설이 있습니다. 움베르토 에코의 『장미의 이름』이 그것이고, 이 뛰어난 소설은 숀 코넬리와 크리스천 슬레이터 주연으로 장 자크 아노 감독에 의해 영화화 되었죠.

일의 실마리가 대수롭지 않게 등장하여 주인공을 사건들의 소용돌이 속으로 빨아들입니다. 주인공은 자발적으로 그러한 끌림을 따라가기도 하고, 그 일의 원인을 알고자 하는 의지를 발동하거나, 어쩔 수 없이 떠밀려서라도 핵심 사건으로 다가가게 됩니다. 〈해리포터〉에서 보이는 최초의 동기는 호그와트 마법학교 입학원서를 해리가 받는 것입니다. 두들리네 집에서 고달픈 삶을 살던 해리에게 입학원서가 날아드는 것은 행동의 최초 동기이며 모험이 시작되는 사건입니다. 두들리네 식구들의 반대가 극성스럽지만 해리는 마법학교 입학을 강하게 원하고 결국 모험의 주인공이 됩니다. 1막 끝의 구성점1은 놀라운 사건이나 대사를 통해 주인공과 관객을 2막으로 자연스럽게 유도하는 역할을 합니다. 전체 이야기가 진행되는 속도나 톤은 대개 1막에서 짐작할 수 있습니다.

2막은 갈등이나 대립의 장이라고 할 수 있습니다. 2막의 사건들은 대부분 원인과 그에 따른 결과, 즉 인과관계에 따라 이루어져요. 여러 등장인물들 간의 갈등이 생기고 드러나는 과정 속에서 주인공은 핵심 사건과 위성 사건들을 경험합니다. 위성 사건들은 주인공이 핵심 사건으로 다가가게 하는 계기들을 제공하기도 합니다. 주인공은 문제를 해결하기 위해 반대자들과 갈등과 대립을 빚으며 고군분투하죠. 2막은 시작과 결말에 비해 많은 사건들이 포진하고 있습니다. 영화 상영 시간의 가장 많은 부분을 차지하기도 합니다.

기승전결의 4단계의 승-전에 해당하고, 5단계에서 말하는
전개-위기-절정의 부분이기도 합니다. 2막 끝부분에 구성
점2를 놓아 3막의 해결로 진입하게 됩니다. 구성점2는 클라
이막스를 통해 결말로 나아가지요. 3막은 모든 갈등이 해소
되고 영화 전체의 문제의식이나 주제가 드러나는 대단원의
단계입니다.

4. 영웅의 여행 모델 12단계

　3막 구조와 함께 가장 각광을 받는 스토리텔링의 방법은
영웅의 여행 모델 12단계입니다. 신화학자 조지프 캠벨은 신
화 속에서 영웅이 길을 떠나 자신의 미션을 완수하고 돌아오
는 원형적인 구조를 찾아냅니다. 캠벨은 오랫동안 전 세계의
신화들을 분석하는 연구를 했는데 특히 영웅들의 궤적에서
그들의 모험이 하나의 선적인 유형을 가지고 있음을 발견합
니다. 그는 『천의 얼굴을 가진 영웅』(1949)에서 영웅의 여행
에 있어 하나의 원형적인 패턴을 '원질신화'(monomyth)라고
이름 붙입니다. 원질신화는 분리-입문-귀환의 과정을 17단
계로 보여줍니다. 모험의 부름-모험의 거부-초자연적인 도
움-첫 관문의 통과-고래 뱃속-시련의 길-여신과의 만남-
유혹자로서의 여성-아버지와의 화해-신격화-궁극의 목표

−귀환의 거부−마법비행−외부로부터의 구조−귀환관문의 통과−두 세계의 스승−삶의 자유가 그것입니다.

할리우드의 스토리 컨설턴트인 크리스토퍼 보글러는 캠벨의 원질신화를 3막 구조에 맞춰 12단계로 추리고 정리하여 영웅의 여행 모델을 스토리텔링 방법의 킬러 콘텐츠로 만들었습니다. 캠벨의 원질신화는 보글러의 12단계보다 덜 명료하지만 더 풍요롭고 무수한 신화적 예들로 가득 차 있습니다. 공부가 더 필요하신 분은 꼭 캠벨의 원전을 읽어보시기를 바랍니다.

세계는 보통 세상과 특별한 세상으로 나뉘어 있습니다. 우리가 알고 있는 많은 이야기들은 주인공이 보통의 일상을 살다가 특별한 세상으로 진입하고 그곳에서 여러 사건과 모험을 겪다가 다시 일상으로 돌아오는 과정을 보여줍니다. 이 영웅의 궤적은 고3이라는 시기를 겪으면 대학생이 되기도 하고, 군대라는 특별한 시기를 거치면 어른스러워지는 것 같은 우리 삶의 과정을 보여주는 고독한 길 같기도 합니다.

앨리스는 이상한 나라를 여행하고, 헨젤과 그레텔은 숲속 마귀할멈의 집에서 살아나오고, 센은 유바바의 세계에서 돌아옵니다. 해리 포터는 볼트모트와의 대결에서 승리하며, 헤라클레스는 힘겨운 12가지 역사를 완수합니다. 프로도는 절대반지를 버리고, 네오는 매트릭스를 빠져나와야 하며, 신지는 에바를 타고 12사도를 무찔러야 합니다. 각자 삶의 미션

Act I
Separation

Call to Adventure

Refusal of the Call

Meeting the Mentor

Crossing the
Threshold

Tests, Allies,
and Enemies

Ordinary World

ORDINARY | WORLD

SPECIAL WORLD

Act III
Return

Return with Elixir

Resurrection

Road Back

Reward

Act II - A
Descent

Approach
the Inmost Cave

The Ordeal

Act II - B
Initiation

[그림2] 영웅의 여행 모델

들을 완수해야 하는 것이죠. 저마다 미션을 성취하는 과정이
바로 영웅의 궤적입니다. 영웅이 되는 주인공은 자신만의 특
수한 상황에 처하겠지만 겪어내야 하는 모험들은 보편성을
가진 것이죠. 용을 무찌르거나 공주를 구하거나 복수를 하거
나 하는 이유들입니다. 그래서 영웅의 이야기들이 끝없이 만
들어지고 사람들이 좋아하는 이유도 거기 있어요. 각자 인생
의 도정에서 용기를 얻기도 하고 방법을 찾기도 하고 나에게
만 삶의 모험이 힘겨운 것은 아니라는 것을 알게 하는 이야

기의 힘, 그것이 바로 영웅 스토리의 힘입니다. 우리는 누구나 자기 삶에서 멋진 영웅이 되고 싶으니까요. 그렇다고 세상의 모든 이야기가 영웅 이야기거나 이 영웅의 궤적을 따라가지는 않습니다. 실패하는 주인공도 있을 것이고, 3막 구조나 기승전결의 완결된 이야기가 아닌 끝이 없는 이야기일 수도 있겠죠. 우리가 알고 있는 이야기 구조에 맞지 않는 주인공을 가진 이야기들도 얼마든지 있다는 것도 아울러 기억해야겠죠. 그럼에도 불구하고 주인공이 모험을 겪으면서 영웅이 되어가는 이야기는 여전히, 영원히 매력 철철 넘치는 이야기임에 틀림없습니다. 영웅의 여행 모델을 단계별로 살펴볼까요?

* 1단계─보통 세상

영웅은 보통 세상에 살고 있습니다. 아직 자신이 영웅이 될 인물이라는 것을 깨닫지 못합니다. 신화에서는 기이한 탄생을 하거나 버려진 아이이거나 영웅으로서의 표식이 숨겨져 있기도 합니다. 만일 그 표식이나 이야기가 숨겨져 있다면 나중에 밝혀지는 출생의 비밀을 푸는 열쇠가 되겠죠. 〈해리포터〉에서 해리는 부모님이 모두 볼드모트에게 죽임을 당하지만 혼자 살아남아요. 이때 이마에 번개 모양의 흉터가 생기죠. 이것이 영웅의 표식입니다.

* 2단계 — 모험의 부름

평범하게 지내던 어느 날, 주인공은 모험의 부름을 받습니다. 〈스타워즈〉의 루크 스카이워커는 부모님을 잃고 가난한 친척의 집에서 살다가 제다이 기사 오비완 캐노비에게 포스가 남다르니 제다이 기사가 되어보는 것이 어떻겠냐는 제안을 받습니다. 해리 포터는 생각지도 않게 호그와트 마법학교의 입학통지서를 받습니다. 〈이상한 나라의 앨리스〉의 주인공 앨리스는 토끼가 회중시계를 들여다보며 '바쁘다 바빠!'를 외치며 뛰어가는 것을 봅니다. 모험의 부름 단계는 보통의 존재가 다른 세계로의 초대장을 받는 다양한 모습으로 나타납니다.

* 3단계 — 모험의 거부

그러나 대개의 주인공은 모험을 거부합니다. 루크 스카이워커처럼 자신의 의지로 거부하기도 하고 해리 포터처럼 두들리네 가족의 반대에 부딪히기도 합니다. 〈센과 치히로의 행방불명〉에서 치히로는 엄마, 아빠가 터널로 들어가자는데 가기 싫어합니다. 헨젤과 그레텔 이야기에서 아이들은 숲속에 버려지는 것을 거부하고 두 번이나 반복해서 집으로 돌아옵니다. 이처럼 모험의 거부라는 단계는 이야기에 따라 반복되기도 합니다. 앨리스는 어떤가요? 모험을 거부할 마음이 전혀 없지요. 토끼를 따라 일말의 주저함이나 망설임도 없이 신이 나서 이상한 나라로 쑥 들어가고 맙니다. 그러니까 영웅의 12단계도 이야기의 법칙은 아니에요. 변형과 응용이 가능하다는 것도 기억하기로 해요.

* **4단계 – 멘토를 만남**

모험으로 진입하기 주저하는 주인공들에게는 멘토가 필요하기도 합니다. 〈반지의 제왕〉의 프로도에겐 현자 간달프가, 해리 포터에겐 덤블도어 교장 선생님이 멘토입니다. 〈스타워즈〉에서는 오비완 케노비뿐 아니라 스승 요다가 멘토의 역할을 합니다. 멘토들은 영웅 주인공을 모험으로 이끌기도 하고 중요한 가르침을 주기도 합니다. 미션의 의미를 일깨워주기도 하고요. 물론 멘토가 등장하지 않는 이야기도 많이 있습니다. 헨젤과 그레텔 이야기나 피노키오 이야기에도 멘토는 존재하지 않습니다. 이야기에 따라 영웅의 여행모델 12단계는 반복되기도 생략되기도 합니다.

* **5단계 – 문지방 넘기**

이 문지방을 넘어야 드디어 모험이 시작됩니다. 치히로는 터널을 통과하고 해리는 9와 3/4 정거장을 뚫고 들어가야 합니다. 〈나니아 연대기〉에서는 털 코트들이 즐비하게 걸린 옷장 속을 지나야 나니아로 들어가죠. 〈판의 미로〉에서는 판신이 준 하얀 마법 분필로 벽에 문을 그리고 열고 들어가야 지하세계로 통합니다. 이 세계와 저 세계의 문지방은 앨리스에게는 토끼굴이고 네오에게는 빨간 알약을 먹는 순간입니다. 프로도가 샤이어 땅을 벗어나 한 발짝을 떼는 순간이기도 하지요. 그런 정거장, 터널, 문, 구멍, 창 같은 것들이 보통 세상과 모험이 벌어지는 특별한 세상을 구분하는 경계이기도 하고 그 세상으로 들어가는 관문이기도 합니다. 어쨌든 주인공은 이 관문을 통과해야 합니다. 〈끝없는 이야기〉에서 주인공 바스티안은 어린 왕녀가 있는 환상계로 들어가야 합니다. 그런데 그 문에 써 붙여져 있는 말의 의미를 깨달아야 합니다. 문을 여는 경구는 "네 뜻하는 바를 행하라."입니다. 이처럼 수수께끼를 풀어야 특별한 세상으로 들어가기도 합니다. 그리스 신화의 영웅 오이디푸스도 스핑크스의 수수께끼를 풀고 나서야 테베로 들어갈 수 있었습니다.

* 6단계 — 시험, 동지, 적

특별한 세상에 진입한 주인공에게 시험이 주어집니다. 이 시험은 그/그녀가 영웅으로서의 자질이나 면모를 가지고 있는지를 가늠하는 시험입니다. 정규시험이 아니라 퀴즈나 간단한 테스트 같은 것입니다. 나즈굴들의 추격을 받는 프로도가 위기를 겪는 것, 호그와트 마법학교로 가는 기차 안에서의 소동과 기숙사 배정, 센이 유바바를 만나 이름을 잃고 일자리를 얻는 것과 같은 장면들이 그렇습니다. 그리고 그 과정에서 동지들을 만나고 적의 존재를 알게 됩니다. 해리 포터에게 론과 헤르미온느, 해그리드와 같은 인물들은 모험을 함께 겪을 동지들입니다. 그들을 만남과 동시에 볼드모트라는 적의 존재를 인지합니다. 물론 작은 적도 있습니다. 말포이 같은 아이지요. 프로도는 심복인 샘 이외에도 반지 원정대의 동지들을 만나게 되고 적인 사우론의 악한 힘을 느낍니다. 센도 적인 유바바를 만나지만 하쿠, 가마 할아범, 린 언니, 가오나시 같은 동지와 친구들을 만나게 됩니다.

* 7단계—가장 깊은 동굴로의 접근

이 단계는 몇 가지 테스트에 합격한 주인공이 앞으로의 큰 시련을 대비하거나 그것에 접근하는 과정이에요. 목표를 위해 자신의 힘을 키우고 결전의 장으로 다가가는 단계인 거죠. 〈쿵푸 팬더〉의 포처럼 적을 무찌르기 위해 무예를 익힌다거나, 해리의 비밀 지도나 투명 망토 같은 특별한 보물을 얻기도 하고, 프로도처럼 숲속 요정들의 큰 도움을 받기도 해요. 스카이워커가 늪지대에서 제다이 기사로서의 훈련을 받는 것, 인디아나 존스가 성배를 찾기 위해 문제들을 해결하며 깊은 동굴로 들어가는 것, 피노키오가 고래 뱃속으로 삼켜지는 것이 모두 이 단계입니다.

* 8단계—호된 시련

클라이막스에 해당하는 호된 시련을 극복하는 단계예요.

이 시련은 마치 죽음과 같이 힘들고 고통스럽고, 목숨을 걸어야 하는 최후의 결전이기도 합니다. 모든 에너지와 역량을 쏟아 부어야 합니다. 이 호된 시련을 극복하는 주인공만이 영웅이 됩니다. 자신의 아버지이자 악의 화신인 다스베이더와 맞서는 루크는 생부를 처치해야 하는 놀라운 상황에 직면합니다. 아버지를 죽여야 하는 루크는 미션을 완수하지만 자신의 한쪽 손을 잃게 됩니다. 어둠의 세력인 볼드모트와 대결하는 해리도 자신의 목숨을 걸어야 합니다. 〈매트릭스〉의 네오는 심지어 죽었다 살아나기도 합니다. 성인식과 같은 통과제의(initiation)는 영웅을 영웅으로 만듭니다. 이 단계는 영웅이 되기 위해서는 없어서는 안 될 필수적인 단계이고 피해서는 안 되는 과정입니다. 적과 맞서고 싸워서 이겨야 영웅이 되는 것이니까요.

＊ 9단계 — 보상

호된 시련을 극복한 주인공에게 주어지는 보상은 모험의 최종적인 목표와는 구분됩니다. 헨젤과 그레텔이 마귀할멈을 물리치고 그 집의 보물을 얻는 것과 같은 보상입니다. 일종의 전리품 개념이라고 생각하면 될 것 같습니다. 물론 이 부분에서 이야기가 끝나는 경우도 있습니다만 최종적인 목표와는 구분해서 볼 필요가 있습니다.

* **10단계―돌아오는 길**

이제 영웅 주인공은 자신이 성취한 보상을 가지고 돌아오는 길에 접어듭니다. 간혹 주인공이 특별한 세계에 남는 이야기도 있지만 자신이 떠난 곳, 모험을 시작한 동기가 있는 일상, 가족들이 있는 보통 세상으로 돌아오려고 합니다. 그러나 돌아오는 길도 순탄하지만은 않습니다. 적들이 재결합하여 영웅을 위협하기도 하거든요. 그래서 영웅은 새로운 모험을 시작하기도 하고 새로운 선택에 직면하기도 합니다. 그러면서 자신이 모험을 했던 특별한 세계를 벗어나는 동력을 얻습니다. 특별한 세계에 남는 이야기로는 〈아바타〉가 있네요.

* **11단계―부활**

부활은 영웅의 부활이기도 하고 악당의 부활이기도 합니다. 그리고 이 부활을 통해 영웅이 여행에서 배운 것, 얻은 것을 증명하기도 합니다. 〈매트릭스〉에서 진짜 세계로 돌아오지 못한 네오가 트리니티의 키스로 부활하여 힘을 과시하며 남은 적들을 무찌르는 장면, 독 사과를 먹은 백설공주가 다시 살아나는 장면이 부활의 장면이라고 할 수 있겠지요. 예수가 인류를 위해 희생하고 3일 만에 무덤에서 다시 살아나는 것, 그것이 부활의 원형이라고 할 수 있어요. 희생되고 죽은 줄 알았던 주인공이 다시 살아나는 것도 부활이지만,

호러 영화에서 괴물들이 다시 살아나는 것도 부활입니다. 그런 괴물의 부활을 영웅은 자신이 얻은 보상을 이용해 다시 제압하며 자신이 진정한 영웅임을 확인시켜 줍니다. 〈아바타〉에서 주인공은 자신의 원래 몸을 버리고 죽었다가 다시 살아나 나비족의 영웅으로 재탄생합니다.

   * 12단계-엘릭시르를 가지고 귀환
   대단원을 의미하는 귀환의 단계는 이야기의 끝이에요. 영웅의 여행에 있어 최종 목표를 달성하고 돌아오는 것은 여행을 시작할 때의 상황과 비교됩니다. 영웅이 여행과 모험을 통해 얼마나 변화했나, 영웅이 속했던 사회는 얼마나 바뀌었나 하는 질문이 가능해요. 〈오즈의 마법사〉의 네 친구들의 소원이 모험의 최종목표인 것입니다. 겁쟁이 사자는 용기를 얻었고, 양철나무꾼은 뜨거운 심장을 가지게 되었고, 허수아비는 두뇌를 소유하고, 도로시는 집으로 돌아옵니다. 치히로는 센이라는 이름으로 유바바 세상으로의 여행을 마치고 칭얼대던 철없는 아이에서 성숙한 영웅으로 거듭나지요. 모험을 통해 해리와 그 친구들은 세상을 배우고 자라나게 되고요. 거의 모든 영화의 주인공들은 자신들의 모험에서 삶의 교훈을 얻습니다. 그래서 결말은 이야기 전체의 주제를 확연하게 드러내주는 단계이기도 해요. 결말이 완결적이지 않으면 다를까요? 애매모호하고 갈등이 해결되지 않은 열린 결말이라

고 해도 주제를 드러내는 데는 부족함이 없습니다.

〈자전거 도둑〉의 주인공은 자신이 원하던 대로 잃어버린 자전거를 찾지 못하고 스스로 자전거 도둑이 되지만 이야기는 거기서 끝이 아니에요. 아들의 손을 잡고 인파 속으로 사라지는 주인공이 던지는 진정한 주제의식은 그 부조리함에도 불구하고 '그래도 삶은 계속되는 것', '희망을 버리지는 않는 것'입니다. 이야기 자체의 결말은 주인공이 원하던 것이 아니지만 그 유명한 열린 결말은 관객에게 삶이란 무엇인가에 대한 새로운 질문을 제기하며 끝남으로써 오랫동안 관객의 마음에 여운을 남깁니다. 열린 결말은 세계를 모호하고 불안전한 곳으로 바라보긴 하지만 삶에 있어 성찰의 깊이를 더하기도 합니다. 〈델마와 루이스〉의 마지막 장면도 대표적인 열린 결말이라고 할 수 있습니다. 자유로운 삶을 찾아 길을 떠난 델마와 루이스가 범죄자로 추격당하다 결국 낭떠러지로 차를 달립니다. 그리고 차는 허공에 뜬 채 멈춘 장면으로 영화가 끝납니다. 사람들의 의견이 분분했지요. 그들은 죽음에 이르렀다고 말하는 사람도 있고, 기적처럼 내려앉아 자신들이 원하는 곳으로 갔다는 주장도 있었어요. 하지만 그들의 행방은 알 수 없습니다. 각자 마음속의 결말이 있을 뿐입니다. 그렇지만 이 영화가 보여주었던 문제의식이나 주제는 관객들에게 충분하게 전달이 됩니다.

II. 영화 스토리텔링의 요소들

스토리는 많은 것을 의미할 수 있다. 제작자들에게는 흥행가치가 있는 재산이고 작가에게는 각본이다. 영화 스타에게는 수단이다. 감독에게는 예술적 매체이다. 장르 비평가에게는 분류할 수 있는 내러티브 형식이다. 사회학자에게는 대중 정서의 지표이다. 정신병리학자에게는 감추어진 두려움이나 공동사회의 이상에 대한 본능적인 탐구이다. 영화를 보러가는 사람에게는 이 모든 것이 될 수도 있고, 그 이상의 것일 수도 있다.

– 루이스 자넷티 『영화의 이해』 중에서.

그러면 스토리를 스토리이게 하는 것들은 어떤 것들이 있을까요? 그 기본은 무엇보다 인물, 사건, 배경이라는 세 가지 요소들이에요. 이 셋 중에 하나라도 존재하지 않는다면 이야기는 만들어지지 않습니다. 주인공이 있어야 하고 이야기의 핵심인 사건이 있어야죠. 그리고 그 사건이 일어나는 배경도 이야기에서 빠져서는 안 됩니다. 글쓰기를 배울 때 육하원칙에 입각해서 써야 한다는 것은 누구나 다 알아요. '누가, 언제, 어디서, 무엇을, 왜, 어떻게 했나?'입니다. '누가'는 인물, '언제'와 '어디서'는 배경, '무엇을' '왜' '어떻게' 했나 하는 것은 사건을 의미합니다. 제대로 된 이야기는 이런 육하원칙 아래서 만들어져야 하고 말해져야 하는 것이지요. 이야기가 어떻게 만들어지고(story) 말해지나(telling) 하는 스토리의 표현과 소통의 의미까지 포함하는 것이 스토리텔링입니다.

인물, 사건, 배경은 스토리텔링의 기본 3요소입니다. 인물은 행동과 대사로 사건을 만들고 그 사건들은 어떤 배경 안에서 벌어집니다. 사실 이야기에서 인물과 사건과 배경은 따로따로 분리된 것이 아니에요. 그 중 한 부분이 부족하면 필연적으로 엉성한 이야기가 됩니다.

우리가 영화에서 보는 이야기는 말과 행동을 통해 인물의 성격이 드러나는 과정이라고 이해할 수 있어요. 헨리 제임스는 『소설의 기술』에서 '이야기 속 인물은 사건을 결정하는 것이고, 사건은 인물에 대해 설명하는 것'이라고 주장합니다. 이처럼 등장인물과 사건의 관계는 서로 떼려야 뗄 수가 없는 관계인 것입니다. 스토리의 기본 요소인 인물, 사건, 배경에 대해 알아봅니다. 사건을 다루는 부분에서는 서스펜스나 목소리, 초점화와 같은 스토리를 플롯화 하는 여러 방식들에 대해 살펴봅니다.

1. 인물(character)

아리스토텔레스는 '예술가는 행동을 하고 있는 인간을 모방한다'고 『시학』의 2장을 시작합니다. 강조되는 것은 행동 그 자체이지 행동을 하는 사람이 아니라는 의미입니다. 그래서 이후의 학자들과 시나리오 작가들은 '이야기의 재료는 사람이 아니라 행동'이라면서 '인물이 곧 행동'이라고 단언하기도 합니다. 등장인물의 행동은 일상적인 행동이 아니라 '극적 행동(dramatic action)'이고 이 극적 행동은 '대사와 행위'로 직접 표현되기 때문이죠. 아리스토텔레스 이후 서사학자들은 '인물은 플롯에 종속되는 것'으로 이해했습니다.

형식주의와 구조주의 이론가들은 아리스토텔레스처럼 작중인물이 플롯의 소산이며, 인물을 실제 존재로 간주하는 것은 잘못이라는 견해를 견지했어요. 인물은 '플롯을 위한 기능'일 뿐이라는 것이죠. 인물을 하나의 고유한 존재라기보다는 행동의 대리자(agent), 행위자로만 본 것입니다. 그래서 러시아 형식주의자 프롭이나 프랑스 서사학자들은 인물을 영웅, 가짜영웅, 악한, 조력자, 증여자, 수혜자, 탐색자, 심판자, 복수자와 같은 기능이나 수단으로 여기고 그렇게 불렀습니다.

그런데 정말 그럴까요? 우리는 영화의 주인공을 사람으로 기억하지 그가 한 행동이나 대사로 기억하는 것이 아닌데요.

〈바람과 함께 사라지다〉의 마지막 장면에서 스칼렛 오하라가 말한 "내일은 내일의 태양이 뜰 거야."라는 멋진 대사를 기억하기는 하지만, 스칼렛 오하라를 그저 그 대사를 하는 기능을 수행하는 대리자나 수단으로 생각하진 않잖아요?

가끔 어떤 작가들은 창작의 과정 중 자신이 만들어낸 인물이 스스로 살아 움직이고 그의 행동을 통제하지 못한다는 신비주의적 고백을 합니다. 이것은 그 작가들의 정신적 문제거나 작가적 허세인 것일까요? 문학작품을 대상으로 하는 이론가들의 이야기를 검토하다 보면, 영화의 인물을 다 설명하지는 못하는 것 같을 때가 있습니다. 아무래도 영화에서는 플롯과 인물을 독립적인 것으로 봐야 할 필요가 있습니다. 영화 속 인물은 플롯에 종속되기보다는 그 자체로도 의미가 있는 똑같이 중요한 이야기 요소라는 관점에서 우리의 이야기를 진행하도록 합니다.

시모어 채트먼(Seymour Chatman)은 '인물(character)이 하나의 개성(personality)이나 자아를 특징짓는(characterize) 정신적 특성의 총합'이자 이 총체성은 '변화를 겪으면서도 지속되는 독자적 특질'인 자아를 다른 여러 자아들과 구분할 수 있게 하는 것이라고 정의합니다. 말이 좀 난해하지만 채트먼은 인물이 플롯의 부속이나 기능이라고 보는 것을 확실하게 거부하고 있습니다. 그의 논의를 수용하는 게 타당해 보입니다. 그렇다면 영화 속의 인물은 어떻게 살아 움직이는 것일까요?

1) 인물의 구축

한 인물은 그 자신만의 외양, 하는 행동, 구사하는 말투, 그를 둘러싼 환경 등의 요소들로 만들어집니다. 우리는 영화 속 등장인물의 몸매나 덩치, 옷차림이나 화장술 같은 외양을 보고 인물의 성격을 가늠합니다. 이야기에 따라서 그는 전형적인 성격을 가질 수도 있지만 오히려 반대일 수도 있죠. 흑백의 단정하고 소박한 차림을 한 여자와 화려한 모자에 장식이 많은 드레스를 입은 여자는 다른 성격을 지녔을 것 같습니다. 차분하고 조용한 목소리나 왁자지껄하고 사투리가 심한 말투도 성격을 드러내겠죠? 목소리가 높고 신경질적이라거나 낮고 굵은 느릿느릿한 말투라거나 하는 특징은 인물의 출신이나 하는 일 같은 것을 상상하게 만들기도 하죠. 살아온 환경이나 처한 환경도 인물의 특성을 만들어 내는 중요한 요소입니다. 인물과 관련된 물리적 환경이나 인간적 환경은 그 인물이 겪는 사건을 설명할 수도 있고 그에게 어떤 동기를 부여할 수도 있습니다. 그가 어떤 행동을 했는지, 어떤 행동을 하지 않았는지, 어떤 행동을 지속하는지도 인물화 과정에 결정적입니다. 인물이 하는 행동은 일회적이거나 습관적인 행동으로 나눠 볼 수 있어요. 별 의미 없는 행동의 반복도 인물을 구축하는 데는 결정적 특징이 될 수 있어요. 대개 극영화는 1시간 반에서 3시간 안에 끝납니다. 스토리 전개상 불필요해 보이는 행동일지라도 무의미하지는 않습니다. 아마 그 자체로 인물을 풍요롭게 만드는 행동일 거거든요.

홍콩 느와르의 완결판이라 할 수 있는 〈무간도〉에서 유덕화가 연기한 유건명이라는 인물이 있습니다. 그는 홍콩 마피아인 삼합회의 일원이나 경찰학교를 나온 엘리트 경찰입니다. 그의 습관적 행동 중에 긴장하거나 조바심이 나면 서류봉투를 자신의 다리에 대고 까딱까딱 치는 버릇이 있습니다. 그의 이런 습관적 행동은 그의 정체를 알게 해주는 스토리상의 중요한 정보가 됩니다.

더 재미있는 것은 〈무간도〉 속 삼합회 일원들이 항상 무언가를 먹고 있다는 사실입니다. 밥을 먹거나 차나 커피를 마시거나 하다못해 땅콩이나 껌이라도 씹습니다. 게걸스럽고 탐욕적인 조폭들의 형상화 방식입니다. 삼합회의 스파이인 유건명도 일하는 내내 녹차나 커피를 마십니다. 대단히 정교한 인물 구축입니다.

그런데 인물을 구축하는 이 모든 요소들이 영화에 남김없이 드러날 필요는 없습니다. 앞에서 언급한 스토리와 플롯의 벤다이어그램을 떠올려 보세요. 이야기 속의 인물은 우리가 일상에서 만나는 실제의 인물도 아니고, 우리가 그 인물의 삶을 24시간 몰래카메라를 통해 감시하거나 범인을 찾듯 빠짐없이 들여다보는 것도 아니니까요. 그래서 인물이 불필요한 행동은 하지 않는 것이죠. 만일 정말 불필요하고 쓸데없는 장면에 이야기가 낭비된다면 그것은 만듦새의 문제가 될 것입니다. '행동이 곧 인물'이라는 이론가들의 논리도 그래서 틀린 말은 아닙니다. 인물이나 사건은 모두 작가에 의해 선택되고 특성이 부여되어 창조되는 것이니까요. 인물은 대사와 행동으로 스크린 위에 구축됩니다.

우리가 영화에서 보는 인물은 꼭 사람일 필요도 없어요. 아름다운 여배우의 자태나 우락부락한 인간 악당도 많이 보아 왔지만, 녹색의 슈렉도 보았고, 말하는 자동차도 보거든요. 이처럼 등장인물은 인간이 아닌 의인화된 동물이나 식물일 수도 있고 괴물이나 요정일 수도 있어요. 말이 안 통하는 화성의 외계인일 수도 있고 어쩌면 지구상에 존재하지 않는 기이한 모습을 하고 있을 수도 있겠죠. 그런 캐릭터가 연기를 하는가 하는 것은 또 다른 문제입니다.

성격을 가진 인물이 곧 캐릭터입니다. 인물이라는 말이 즉각적으로 사람을 연상하게 만들긴 하지만요. 그래서 최근에는 영어 단어 그대로 캐릭터(character)라는 말을 많이 사용합니다. 인물이 사람이 아닌 애니메이션이나 게임 혹은 만화의 등장인물을 캐릭터라고 칭하는 경우가 더 빈번한 것으로 보아 인물은 사람일 수도 있고 아닐 수도 있는 '이야기에 등장하는 성격이나 특성'이라고 이해하면 될 것 같습니다.

그러면 영화 속 인물은 어떤 특성이 있을까요? 소설이나 애니메이션, 게임, 웹툰, 영화를 막론하고 모든 이야기 속 인물이 가지는 보편성과 함께 각 매체에 고유한 특수성도 지닙니다. 소설의 등장인물은 문자로 형상화되기 때문에 성격은 두드러지지만 독자들이 인물의 이미지를 공유하진 않아요. 제 각각 머릿속에서 상상을 합니다. 애니메이션에서도 등장인물은 있지만 실제로 살아 있는 존재가 아니죠. 미키마우스나 딱따구리는 그림일 뿐이에요. 게임의 캐릭터는 조금 더 단순합니다. 이야기를 이끌어갈 성격의 창조가 목표가 아니라 게임을 수행하는 대리인으로서의 기능이 목표이니 게임에선 그 캐릭터가 가진 능력치나 외형이 중요하겠죠.

영화 속 인물은 좀 더 복잡해요. 배우의 연기라는 측면과 이미지의 공유라는 측면에서 애니메이션이나 소설과는 확연히 차이가 있죠. 특히 살아 있는 배우의 연기라는 점에서 실체가 없는 애니메이션이나 게임의 캐릭터와 다르고* 대중이 그 인물의 이미지를 공유한다는 점에서 소설의 인물과도 다릅니다. 무엇보다 영화는 인물을 구현하는 배우를 통해 드러나기 때문에 시나리오에는 없는 배우의 아우라가 뿜어져 나오기도 합니다.

그래서 영화 속의 인물은 배우와 함께 이야기해야 마땅합니다. 배우의 연기나 그 아우라 같은 부분이 크기 때문이에요. 살아 있는 배우의 연기라는 면에서는 연극과 유사하지만, 영화는 실제 사람이 연기하는 것을 보는 것이 아니라 이미 연기한 것을 카메라로 찍은 이미지를 봅니다. 영화 이미지의 성격은 필름에 담기는 순간 즉시 과거의 것이 되고 맙니다. 연극은 현장감이 살아 있죠. 필름에 담은 것이 아니면 죽은 연극배우의 훌륭한 연기는 볼 수가 없어요. 반면에 영화는 오랜 시간이 흘러도 한참 전에 죽은 배우들의 살아 있는 모습을 그대로 보여줍니다(이러한 영화적 특성을 앙드레 바쟁은 '미이라 컴플렉스'라고 부릅니다). 이 차이가 영화의 인물

---

* 영화와 애니메이션을 같은 매체로 볼 것인가 아닌가는 여전히 논란의 대상입니다. 저는 영화와 애니메이션은 다른 매체라고 봅니다. 특히 등장인물의 문제를 다룰 때 살아있는 인간의 움직임을 담는 영화와 그렇지 않은 애니메이션은 구분해야 합니다. 비록 컴퓨터그래픽을 통해 영화의 캐릭터가 애니메이션인 경우도 있고 실제의 사람 인물을 애니메이션화 하는 혼용의 방식들이 빈번해지고 양적으로 많아지지만 '애니메이션 캐릭터가 연기를 하는가' 하는 문제는 또 다른 연구 과제입니다. 이에 관한 논의는 김윤아, 『예술로서의 애니메이션』, 2011, 일지사와 김윤아, 「그것은 영화인가 애니메이션인가: 인간의 형상을 중심으로」, 『현대미술과 미술관』, 2009, 서울시립미술관을 참조하세요.

이 소설이나 연극이나 애니메이션의 인물과는 다르게 생각되어야 할 부분입니다.

2) 평면적 인물 / 입체적 인물

E. M. 포스터는 소설 속의 인물을 평면적 인물과 입체적 인물로 분류했습니다. 평면적 인물(flat character)은 숨겨진 복합성을 갖고 있지 않은 등장인물로 예상할 수 있는 행동을 하는 성격의 변화가 없는 인물입니다. 코미디나 풍자극에 등장하는 인물이나 디즈니 애니메이션의 인물들을 떠올려볼 수 있어요. 찰리 채플린이나 로렐과 하디 같은 배우들은 포스터가 말하는 평면적 인물의 대표라고 할 수 있어요. 디즈니의 인물들이나 톰과 제리 같은 애니메이션 캐릭터들도 평면적 캐릭터입니다. 악당은 끝까지 악당이고 선한 인물은 끝까지 선하죠. 톰은 제리를 늘 잡아먹으려하고 제리는 언제나 톰을 골탕 먹입니다. 그것이 톰과 제리의 존재이유라고나 할까요?

심리적이고 내부적인 고민은 거의 보이지 않고 자신이 맡은 성격이나 역할을 성실하게 수행하는 것이 평면적 인물입니다. 어진이, 순둥이, 못난이, 똑똑이, 이쁜이, 막둥이, 칠푼이, 곱단이 같은 이름을 부여하는 것은 평면적 인물의 성격을 뜻하는 직접적인 장치가 되기도 해요. 검둥이 삼보나 바보 이반 같은 이름으로 외양이나 성격이 드러나는 것이죠. 외골수로 지치지 않고 돌진하는 돈키호테는 내면적인 고민보다는 자신의 명예와 책임을 강조하며 용을 무찌르고 공주를 구하는 모험을 계속합니다. 자신의 이상을 위해 돌진하는 돈키호테도 평면적인 인물을 거론할 때 빠지면 섭섭한 인물이겠죠?

이에 반해 입체적 인물(round character)은 다양한 수준의 깊이와 복잡성을 갖는 인물로 때로 그 특성들끼리 내부에서 갈등을 일으키기도 하고 모순되기도 합니다. 그래서 행동을 예측할 수가 없어요. 극중에 변화가 가능하고 의외의 행동으로 우리를 놀라게 할 수도 있습니다. 입체적인 인물은 그 성격적인 복잡성으로 인해 오히려 실제 인물 모습에 더 가깝게 표현되고 이상하게 친근감을 줍니다. 하지만 그가 '어떤 인물'이라고 단정적으로 말하기는 어려워요. 위대한 입체적인 인물은 끝없이 성찰을 요하는 대상이기도 합니다. 관객은 그들의 고민에 동일시를 하기도 하죠. 대표적으로 '죽을 것인가 살 것인가, 이것이 문제로다.'하며 고민하는 햄릿을 생각해보면 될 것 같습니다. 우유부단함을 보이지만 그 우유부단함 속에는 많은 고민과 갈등이 있습니다. 멜로드라마의 주인공들은 입체적인 인물인 경우가 많습니다. 감정적인 고민과 흔들리는 마음의 상태가 인물의 변화를 가져오기 때문입니다. 아, 골룸도 극단적인 입체적 인물이라고 할 수 있을 것 같습니다. 분열적 인물인가요? 입체적 인물들로는 이중적 인물들도 있고 다중적 인물들도 있습니다. 햄릿이나 골룸이 분열적 인물이라고 한다면 마블 같은 헐리웃의 슈퍼영웅들은 이중적인 인물인 경우가 많습니다. 배트맨, 스파이더맨, 슈퍼맨 등은 평상시에는 보통사람 같지만 슈퍼영웅들입니다. 그러나 이들은 분열적 성격을 갖고 있지 않아요. 오히려 자신이 누구인지 확고한 신념을 갖고 있는 인물들입니다. 인물이 입체적인 것과는 조금 다릅니다.

그런데 등장인물이 아무리 입체적인 인물이라도 만드는 과정에서 어느 정도의 평면화를 포함하고 있어요. 또 아무리 평면적인 인물이라 하더라도 조금의 감정적 흔들림조차 갖지 않는다는 의미는 아닙니다. 평면적 인물과 입체적 인물을 분류하는 것과 유형에 따라 등장인물을 만드는 과정에서 수많은 인간의 복잡성을 담을 수 있다는 점은 별개로 생각해야 할 것 같습니다.

3) 원형적 캐릭터

스토리텔링의 사후 분석뿐 아니라 설계를 해야 할 때 도움이 되는 것은 인물의 외양이나 말투, 헤어스타일이나 행동양식뿐 아니라 그 인물의 핵심이라 할 수 있는 사고방식과 심리 상태일 수 있습니다. 애니메이션 〈인사이드 아웃〉의 기쁨이(Joy), 슬픔이(Sadness), 버럭이(Anger), 까칠이(Disgust), 소심이(Fear)를 기억하시죠? 인간이 아닌 등장인물을 만든다고 해도 인간의 마음을 아는 것은 인물 구축에 확실한 도움이 될 수 있습니다. 주인공이 개나 고양이라고 할지라도 성격은 부여되어야 합니다. 이미 고대부터 전해지는 별자리나 혈액형의 타입, 주역이나 음양오행 같은 명리, 체질에 따른 성질, 애니어그램 같은 실용적인 심리학의 방법들처럼 원형심리학은 인물을 만드는 데 상당히 유용합니다. 물고기자리 남자, 전갈자리 여자, AB형 성격, 애니어그램 8번의 7번 날개 성격처럼 인물의 유형으로 참고할 수 있어요.

스토리텔링의 근간이 될 수 있는 신화학에서도 칼 구스타프 융의 집단무의식과 원형(archetype) 개념은 인간 마음의 유형학이라고 할 수 있어요.

집단무의식이란 인간의 무의식 속에 존재하는 여러 원형들로 구성되어 있습니다. 그리고 이것은 지리적 차이나 문화, 인종의 차이와 관련 없이 존재하는 인간의 가장 원초적 행동 유형이에요. 배우거나 경험으로 아는 것이 아니라 태어날 때부터 가지고 나오는 인류 보편의 무의식적 층위입니다. 이런 집단무의식에는 다양한 원형들이 있어요. 아니마, 아니무스, 그림자, 페르소나, 트릭스터 같은 원형과 함께 위대한 어머니 여신, 늙은 현자, 신성한 아이와 같은 여러 원형들이 존재합니다. 이런 집단무의식은 신화를 담는 그릇이기도 합니다. 신화는 수천 년 동안 검증된 이야기의 원류이고 보물창고이기 때문에 스토리텔링에 많은 영감을 줍니다. 문학이론가 노스럽 프라이는 신화가 모든 문학의 원형이라고 주장하기도 합니다. 그만큼 생명력이 있는 이야기가 신화이기 때문이죠. 보글러가 3막 구조로 변형한 영웅의 여행 모델도 조지프 캠벨의 '원질 신화'에서 비롯된 것이잖아요.

남성 안에 있는 여성성인 아니마(anima), 여성 안의 남성성인 아니무스(animus), 내 안의 우울인 그림자(shadow), 가면으로서의 페르소나(persona)는 인물 내부의 심리적인 이야기를 만들 때 무엇보다 스토리텔링의 유용한 도구가 되는 원형들이에요. 그리고 이 원형들은 누구나 가지고 있는 무의식입니다. 아니마는 내 안의 여성성을 말합니다. 특히 남성이 가진 여성성을 아니마라고 해요. 여성성이라면 아무래도 남을 돌보거나 보호하고 따뜻하고 섬세한 정서를 가지고 헌신적인 행동을 하는 것과 관련이 있어요. 남성임에도 어린 동물이나 아이를 잘 돌보는 캐릭터를 생각해볼 수 있습니다. 아니무스는 여성 전사 이미지들에서 찾아볼 수 있어요. 〈매드맥스〉의 퓨리오사 사령관이나 〈터미네이터〉의 사라코너, 〈에일리언〉의 리플리 같은 인물들을 떠올릴 수 있습니다. 인물의 특성 중 외양이 관객들에게 가장 호소력이 있으니 아니무스형 여성 인물들은 남성적인 근육질의 몸을 가지고 직관보다는 이성적이고 냉철한 판단을 합니다. 말이나 행동도 부드럽거나 남을 배려하기보다는 카리스마 넘치면서 무뚝뚝하고 강력합니다. 그렇지만 남성스러운 외모와 행동에도 불구하고 그들은 위대한 어머니 여신의 원형이라고 할 수 있을 거예요. 큰 틀에서 보면 그들이 보호하고 지키려는 것은 생명이고 인류이며 인간성 같은 것이니까요. 인간은 누구나 아니무스와 아니마를 모두 가지고 있습니다. 인물 유형이라는 것은 사람들이 가지고 있는 단순한 외모나 어떤 통념, 통계적 결과들을 말하는 걸 넘어서서 정신적인 가치와 영혼의 차원까지 유형화하는 것과 관련합니다.* 그래서 인물을 심도 있게 만들 때 융의 원형들은 유용한 도구가 될 수 있습니다.

위대한 어머니 여신 이외에도 늙은 현자, 신성한 아이 같은 원형들이 존재합니다. 마법사 간달프나 스승 요다, 덤블도어 교장 선생님은 늙은 현자의 원형에 속하는 인물들이고 신화 속의 범상치 않은 모습을 한 어린 영웅들이나 해리 포터 같은 인물은 신성한 아이의 원형이라고 할 수 있죠.

융 학파의 학자인 캐롤 피어슨은 『내 안엔 6개의 얼굴이 숨어 있다』에서 융의 원형개념을 고아 원형, 전사 원형, 마법사 원형, 방랑자 원형, 순수주의자 원형, 이타주의자 원형 등으로 확장시키고 있습니다. 그리고 이 원형들이 순차적으로

---

* 〈데니쉬 걸〉의 베게너는 화가 아내의 모델을 대신하기 위해 발레복을 걸쳤다가 자신이 본래 남자가 아니라 여성임을 깨달아가는 캐릭터입니다. 이처럼 남자였다가 여자가 되어가는 캐릭터도 있습니다. 베게너 역의 에디 레드메인의 연기가 대단합니다.

인간성 성숙의 방향으로 발전하는 것으로 파악합니다. 이런 원형들도 심리적으로 깊이감 있는 인물들을 구축하고 발전적인 캐릭터로 응용할 수도 있을 것 같아요. 결국 인간에 대한 이해에 기초를 두는 인물의 구축이 이야기를 풍요롭고 매력적으로 만들 것이기 때문이죠.

4) 배우와 연기

영화에서 배우의 캐스팅과 연기는 스토리텔링에서도 고려의 대상입니다. 특정한 배우의 매력이나 특징을 염두에 두고 쓰는 영화 대본들이 많고 연기의 스타일이나 배우의 스타성에 따라 인물이 창조되기도 하니까요. 애니메이션에서 인물의 창조는 처음부터 끝까지 애니메이터의 손끝에서 이루어지지만 영화에서 인물의 창조는 시나리오 속의 인물을 살아 있는 배우가 연기함으로써 완성됩니다. 배우의 연기라는 것은 아주 연극적인 성격으로 여겨지지만 영화 연기와 연극 연기 사이에는 큰 차이가 존재합니다.

우선, 연극은 관객이 배우 전체(몸짓, 얼굴과 표정, 몸의 움직임뿐 아니라 연기하는 인물까지)를 무대 위에서 볼 수 있는 반면, 영화는 그 기술적 성격과 능력으로 감독이 보여주고자 선택한 배우의 일부분만을 보여줄 수 있습니다. 클로즈업과 같은 촬영 방법과 원하는 길이와 크기로 이어붙이는 다양한 편집 기술들이 그것을 가능하게 하지요.

영화에서 배우의 연기는 연극의 연기와 달리 오래 끌 필요
가 없어요. 영화는 필름의 조각들이 연결되어 만들어지기 때
문에 영화의 기본 단위인 쇼트로 이루어진 배우의 연기는 아
무리 길어야 몇 분 정도겠죠. 짧으면 연기라고 말하기 민망
할 정도의 아주 짧은 한 컷으로 지나갈 수도 있어요. 관객은
자신이 보고 싶은 것을 보는 것이 아니라 감독이 보여주고
싶은 것을 보게 되는 것입니다. 배우가 어떤 장면의 연기를

☞ **에이젠슈타인의 전형화 이론**

편집의 기본인 몽타주 기법을 영화에 도입한 에이젠슈타인은 배우들의
성격화를 기피하고 전형적인 외양을 가진 인물들을 기용했어요. 유물론
자이며 공산주의자였던 그에게 영화의 주인공은 개인 영웅이 아니라
노동계급 전체였기 때문이죠. 그래서 가난한 시골 촌부, 도시 빈민, 노
름꾼, 학생, 의사와 같은 인물들을 영화의 소도구처럼 사용했습니다.
그에게 배우의 걸출한 연기력은 불필요했으며 전형적인 외양을 가진
인물들을 배치하고 그들을 몽타주함으로써 원하는 주제와 장면들을 만
들어냈어요. 에이젠슈타인에게 영화는 개인의 감정을 불러일으키기보다
는 혁명의 완성에 기여하는 예술이었던 것입니다.

[동영상1] 〈전함 포템
킨〉의 오뎃사 장면
패스워드: amormundi

길게 했다고 하더라도 그 장면 전부를 관객이 보지 못하는 경우도 많아요. 감독이나 편집기사가 불필요한 부분을 잘라낼 수도 있거든요. 관객은 촬영한 것을 전부 다 보는 것이 아니라 촬영 분을 편집한 것을 보기 때문이에요. 그래서 어떤 배우가 연기를 못한다고 해도 감독이 기술적으로 편집을 잘하고 그 배우의 다른 부분들을 잘 사용한다면 크게 문제가 안 될 수도 있어요.

또한 영화는 그 배우가 가진 아름다움도 분절적으로 보여줄 수 있습니다. 프레임으로 장면의 어떤 부분들을 자를 수 있기 때문이에요. 양손의 손가락으로 네모 칸을 만들어 눈앞에 대는 것, 세상을 그렇게 잘라 보는 것이 프레임입니다. 카메라가 잘라 보여주는 화면이지요. 그 화면 안에 원하는 대상만을 가득 채워 보여주는 클로즈업은 대표적인 영화의 본래적 기술이자 능력이에요. 백만 불짜리라고 하는 수잔 헤이워드의 어깨나 마릴린 먼로의 섹시한 입술, 강동원의 길고 우아한 팔다리, 전지현의 매혹적인 몸매, 베티 데이비스의 유혹적인 눈처럼 배우의 신체적인 매력을 따로 떼어서 보여줄 수 있습니다. 어떤 경우에 여배우의 다리가 썩 아름답지 않다면 다리만 배역을 쓸 수도 있는 것이 영화니까요. 그래서 연극이 보여주는 배우의 총체성에 비하자면 영화는 분절적이라고 말할 수 있어요. 관객은 그런 장면들의 조합으로 배우와 인물을 머릿속에 그립니다. 이처럼 클로즈업과 편집을

[그림3] 〈페르소나〉의 리브 울만   [그림4] 〈독재자〉의 찰리 채플린

통해 배우의 매력을 극대화해서 보여주는 것은 영화의 본래적인 기능이고 인물 창조의 중요한 방법이란 것을 알 수 있습니다. 그리고 그런 배우들의 이런저런 연기와 카리스마를 끌어내고 장면들을 이어 붙여 하나의 인물을 창조해내는 것은 많은 부분 감독의 역량입니다. 그래서 영화 연기는 '감독의 언어체계'라고 말하기도 합니다.

'배우는 소도구에 불과하다'는 생각을 가지고 있던 에이젠슈타인의 전형화 이론이나 배우의 연기를 최소화하여 암시와 클로즈업으로 여러 씬들을 병치함으로써 탁월한 장면을 만들어낸 히치콕 같은 감독도 있습니다. 어설픈 연기를 하는 배우가 영화에서 꼭 불리한 것은 아닙니다. 순발력과 약간의 테크닉으로 일약 스타덤에 오르는 미남미녀 배우들을 종종 볼 수 있는 것은 그 때문입니다. 로베르 브레송은 영화배우는 '미장센과 편집의 원료 중의 하나'라고 믿었고, 미켈란젤로 안토니오니는 배우를 '구도의 일부로 사용한다'고 말하기도 했어요.

[그림5] 〈사도〉의 송강호   [그림6] 〈사도〉의 송강호와 유아인

　하지만 리얼리즘 연기를 선호하는 감독들은 배우에 대해 완전히 다른 생각을 갖고 있습니다. 잉그마르 베르히만이나 찰리 채플린 같은 감독은 배우의 연기를 통해 자신의 생각이나 주제를 전달해요. 그들에게 배우는 영화의 소도구나 원료가 아니었습니다. 배우의 몰입감 있는 연기는 영화를 다른 차원으로 끌어올립니다.

　로버트 드니로나 메릴 스트립, 더스틴 호프만 같은 배우들의 연기는 외양만을 가지고 배치되는 소도구로서의 역할을 하는 것이 절대 아닙니다. 니콜라스 레이 감독은 '배우는 영화에서 창조의 한 공간을 차지한다'고 말하기도 하죠. 그는 영화에는 몽타주의 논리보다는 연기의 내적 논리만이 존재한다고 믿었습니다. 〈사도〉의 영조를 연기한 송강호의 연기를 보고 있으면 배우의 힘이 어떤 것인지 실감하게 됩니다. 노회한 왕의 쇳소리 섞인 쉰 목소리와 강박증을 드러내는 여러 작은 제스처, 감정의 절제와 그 사이에서 삐져나오는 부성애, 인간의 욕망과 타고난 열등감으로 자식을 죽이는 권력자 아비의 무정함과 냉혹함 같은 것들이 송강호라는 배우를 통해 영화 속 인물로 구축되는 것입니다. 인물을 만들어내는 것, 그 인물을 스크린 위에 구축하는 것이 생각보다 그리 간단한 문제가 아닙니다.

다양한 영화배우와 연기에 대한 이야기들을 이 자리에서 다 할 수는 없지만, 영화 속의 캐릭터를 구현하는 데 있어서 배우와 연기라는 요소가 플롯이나 스토리에 종속된다고 말하기는 어렵다는 점은 이해가 되셨죠? 배우와 연기에 관한 구체적인 내용은 '영화 총서'의 다른 책에서 다루기로 할게요. 다시 우리는 스토리텔링 주제로 돌아가 보겠습니다.

2. 사건(event)

1) 사건과 인과관계

영화 속 사건들은 플롯이라는 배열로 우리에게 보입니다. 사건이란 행동이나 행위, 일어난 일을 의미하죠. 간혹 모티프(motif)라고 불리기도 해요. 러시아 형식주의 이론가들의 용어이지만 사건과 같은 의미입니다. 상태나 상태의 변화, 그리고 일어난 일(happening)이 사건이라고 할 수 있습니다.

등장인물들에 의해 일어나는 사건은 육체적 행위, 말, 사고, 감정, 지각, 감각 등을 통해 전달됩니다. 윤아가 물을 마셨다(육체적 행위), 장비가 배고프다고 말을 했다(말), 마리는 떠나야겠다고 생각했다(사고), 샐리는 기뻤다(감정), 유정은 저 멀리 그가 오는 것을 알아챘다(지각), 수희는 마음 깊은 곳이 저려오는 것을 느꼈다(감각) 같은 것이 사건입니다. 영화는 이런 문자로 표현된 사건을 이미지와 사운드로 보여주겠죠.

일어난 일은 등장인물이나 초점이 된 대상이 하나의 술어를 동반하는 것이라 설명할 수 있습니다. 액션이 있다는 말입니다. 이야기에 대해 기본적인 연구가 문학이론 특히 서사학에서 이루어졌기 때문에 설명하는 용어들이 조금 낯섭니다만, 개념이 어려운 것은 아니에요. 예를 들어, '순간적으로 불어 온 센 바람에 쓰고 있던 건우의 밀짚모자가 날아가 버리고 말았다', 혹은 "어느 날 아침 그레고르 잠자가 불안한 꿈에서 깨어났을 때 그는 자신이 침대 속에 한 마리의 커다란 갑충으로 변해 있는 것을 발견했다."가 확실한 사건입니다. 이 문장은 프란츠 카프카의 『변신』의 유명한 첫 문장입니다. 쓰고 있던 모자가 날아가고, 가만히 있던 깃발이 바람에 휘날리는 순간이 사건인 것입니다. 단편 애니메이션으로 만들어진 〈변신〉을 한 번 보실래요? 캐롤라인 리프라는 유명한 애니메이터의 작품입니다.

[동영상2] 캐롤라인
리프의 〈변신〉
패스워드: amormundi

    사건은 모든 이야기의 시작입니다. 소설이든 영화든 마찬
가지입니다. 그런데 스토리는 하나의 사건만으로 이루어지지
않습니다. 가장 핵심의 사건이 있고 그 사건을 둘러싸고 있
는 작은 사건들로 이루어져 있습니다. 바르트는 '핵과 촉매'
라고 불렀고, 채트먼은 '중핵과 위성'이라고 불렀습니다. 애
벗은 '구성적 사건과 보충적 사건'이라고 구분했습니다. 크고
작은 이 사건들이 배열된 것이 플롯입니다. 우리가 스크린
상에서 보는 대부분의 것이 플롯이죠. 그리고 이 사건들은
인과관계에 의해 얽혀 있습니다. 원인과 결과에 따라 놓여
있다는 뜻입니다. 그래서 '인과관계에 의해 배열된 크고 작은
사건들의 연쇄'를 플롯이라고 하는 것입니다.

    "왕비가 죽었다. 그리고 그 다음에 왕이 죽었다." 이 두 문
장은 인과관계가 없습니다. 그저 왕비의 죽음, 왕의 죽음인
개별 사건의 나열일 뿐이죠. 그런데 "왕비가 죽었다. 그리고
그 후에 왕이 비탄에 잠겨 죽었다."는 원인과 결과가 가해졌

으므로 '플롯'이라고 할 수 있습니다. 왕비가 죽었다는 첫 번째 사건은 수많은 가능성의 사건들 중 하나입니다. 그런데 다음 단계에서 왕비의 죽음 때문에 왕이 비탄에 잠깁니다. 개연성이 있는 것이죠. 비탄에 잠긴 왕은 죽음에 이릅니다. 또 하나의 핵 사건입니다. 비탄에 잠겼기 때문에 왕은 죽었습니다. 이것이 사건들 간의 인과관계입니다. 사건들은 이런 개연성(인과관계성)에 의해 진행되어야 합니다.

간혹 막장드라마를 보면 누구나 한마디씩들 합니다. '저런 우연이 어디 있어?'라고요. 남발되는 우연성에 기대는 이야기는 힘이 없고 뻔하고 작위적이라 재미가 없습니다. 시작은 모든 것이 가능하고, 중간은 개연적이고, 끝에는 필연적이 되는 것이 잘 만들어진 플롯입니다. 선택의 폭이 점점 좁아져 최후에는 선택이 아니라 하나의 불가피한 필연이 되는 것. 폴 굿맨이라는 사람이 이미 플롯에 대해 이렇게 적확한 표현을 했네요.

영화라서 다를 것이 없습니다. 영화는 이미지와 사운드로 이루어져서 대개는 소설로 읽는 것보다 훨씬 더 호소력이 있고 흥미진진하고 빠르게 이야기가 전개되겠지만요. 카프카의 『변신』 첫 문장은 꽤 긴데 영화나 애니메이션은 한 장면으로 바로 보여줍니다. 영화는 묘사를 글로 하지 않으니까요. 엄밀하게 말해 영화에는 묘사가 없습니다. 그저 보여줄 뿐이지요. 사건들의 관계가 개연성이 있어야 한다는 얘기를 먼저 했으니 구성적 사건(핵, 중핵)과 보충적 사건(촉매, 위성)을 구분해봅시다. 구성적 사건은 스토리를 스토리 그 자체로 만드는 것으로 스토리 차원의 필수적 사건이며 스토리를 앞으로 진행시킵니다. 보충적 사건은 어떤 방향으로 스토리를 이끌어가지 않고, 없다고 하더라도 스토리는 여전히 남는 여분의 사건입니다. 그렇지만 서사의 의미와 감동에 있어서는 더 중요한 메시지를 던질 수도 있고 주된 사건보다 더 감동적일 수 있습니다. 이야기의 뼈대에 살이 붙어야 풍요로운 서사가 되는 법입니다.

알레한드로 이냐리투 감독의 〈레버넌트: 죽음에서 돌아온 자〉는 주인공 글래스가 자신의 아들을 죽인 자를 찾아 복수하는 이야기입니다. 곰의 공격으로 만신창이가 되고도 살아남았으나 눈앞에서 자기 삶의 전부였던 아들이 살해당하고 불굴의 의지로 자신의 뜻한 바를 행하려는 글래스. 그런 그를 살 수 있게 도와줬지만 백인들에게 살해당하고 마는 선의의 인디언 에피소드는 이 복수극에서 핵 사건이 아닙니다. 그런데도 그 인디언과 교감하고 죽을 고비에서 도움을 받는 장면이나 그 인디언의 죽은 말 몸통 속에서 혹한을 피하는 장면들은 이야기를 풍요롭게 해주는 위성 사건이라고 할 수 있습니다. 복수를 위해 지난한 행보를 보이는 핵 사건들보다 더 짙은 페이소스를 불러일으키는 시퀀스들입니다. 이것은 장르의 변주와는 다릅니다.

2) 마스터 플롯, 장르

충분한 인과관계에 따라 만들어진 이야기들은 가족애나 사랑의 위대함, 정의의 승리, 충성심이나 삶의 의미 같은 보편적인 주제나 개인의 욕망이 성취되거나 좌절하는 것 같은 특수한 주제들을 통해 의미를 만들어냅니다. 대개 이런 주제의식은 이야기의 마지막에 확연히 드러나게 되지요. 그리고 이러한 주제로 가는 과정인 스토리와 플롯은 유형적으로 분류할 수 있어요. 예전부터 많은 학자들은 이러한 이야기의 유형을 찾는 일에 골몰해 왔습니다. 특히 영화는 개인 예술이 아니라 대중 예술이기 때문에 관객들의 취향을 반영하고 때로는 개발하며 산업으로 자리를 잡아왔습니다. 이러한 영화의 대중적 특성은 영화 스토리텔링에도 지대한 영향을 미쳤습니다. 영화를 사업이라고 생각하는 사람들에게 '망하지 않는 이야기'는 곧바로 금전적인 이득을 가져다주니까요. 그리고 그 금전적인 성공이 다음 영화를 찍을 수 있는 보다 많은 기회를 보장합니다. 그래서 더 많은 사람들이 보고 즐기고 돈을 내는 성공적인 영화 스토리텔링의 방법으로서 어떤 대구조(macrostructure)나 마스터 플롯(master plot)을 찾는 모험은 마치 불로불사약이나 엘릭시르를 찾는 모험과 다름 없는 것이었습니다. 말하자면, 마스터플롯은 어떤 원형적인 이야기라고 할 수 있습니다. 대성공을 거두지는 않더라도 중간 이상의 흥행을 하려면 사람들이 좋아하는 이야기 구조를 만들어야했습니다. 이것이 영화의 마스터 플롯이라 할 수 있을 것입니다. 우리는 영화에서 그 마스터 플롯의 다른 이름을 장르(genre)라고 부릅니다. 견고한 상업적 시스템 안에서 만들어지는 영화의 스토리텔링은 그래서 플롯을 유형화하고 이야기를 만드는 기술에 더 집착해왔는지도 모릅니다. 3막 구조나 영웅의 여행 모델 같은 것들이 실전에 도입되고 활용되는 것도 그 이유 때문입니다. 영화 서사의 관습은 마스터 플롯으로서 특수한 장르들을 발전시키기에 이릅니다.

(1) 플롯의 유형

플롯의 유형에 관한 연구 역시 오래전부터 지속되어 왔습니다. 이야기의 구조적 유사성에 따라 플롯을 구분하는 문제도 아리스토텔레스의 논의에서 시작해보겠습니다. 아리스토텔레스는 플롯을 행운의 플롯, 불운의 플롯, 복합 형식으로 구분했고 행운의 플롯과 불운의 플롯을 각각 세 유형으로 분류합니다. 흔히 플롯을 희극, 비극, 희비극으로 나눈다는 것은 알고 있었지만 아리스토텔레스는 주인공의 성격에 따라 플롯을 6개로 더 세분화합니다. 아리스토텔레스의 관심은 비극에 있었으므로 불운의 3번 플롯, 영웅의 실패담인 비극과 6번 플롯, 희비극에 관심을 갖습니다.

아리스토텔레스의 플롯 유형을 잠시 살펴보겠습니다. 주

	주인공의 성격	관객의 감정
불운의 플롯	1. 착한 주인공이 실패한다	개연성이 위배되어 반감을 느낀다
	2. 악한 주인공이 실패한다	정의가 구현되어 만족을 느낀다
	3. 고귀한 주인공이 판단착오로 실패한다	연민과 공포의 감정을 느낀다
행운의 플롯	4. 착한 주인공이 성공한다	도덕적 만족감을 느낀다
	5. 악한 주인공이 성공한다	개연성의 감각에 위배, 혐오를 느낀다
	6. 고귀한 주인공이 판단착오로 일시적으로 실패하나 성공한다	최종적으로 만족을 느낀다

[표1] 아리스토텔레스의 플롯 유형

인공의 성격에 따라 관객들의 감정이 변화합니다. 착한 주인공이 실패하면 관객은 반감을 느끼고 반대로 성공하면 도덕적 만족감을 느낍니다. 악한 주인공의 경우 실패하면 관객들은 정의가 구현되어 만족감을 느끼지만 악한 주인공이 성공한다면 분노와 혐오를 느낍니다. 고귀한 영웅 주인공이 실패하면 비극을 경험하고 고귀한 주인공이 일시적으로 실패한 후 성공을 하면 최종적으로 만족을 느낀다고 설명합니다.

노스럽 프라이 또한 자신만의 독창적인 방법으로 플롯을 유형화합니다. 그는 모든 이야기의 원형은 신화라고 여겼습니다. 그리고 세상의 모든 문학작품은 그 신화가 내려앉은 이야기라고 보았습니다. 그는 환경을 지배할 수 있는가를 기준으로 인물의 능력에 따라 이야기를 나눕니다. 원형으로서의 신화가 있고, 그 신화가 로맨스-상위모방-하위모방-아이러니로 내려앉는다고 보았습니다. 그리고 봄-희극, 여름-

로망스, 가을-비극, 겨울-아이러니라는 사계절의 뮈토스를 설정하고 각 계절 사이를 6등분하여 전체 24개의 플롯 유형을 제안하기도 했습니다. 마치 24절기처럼 말이지요. 사실 프라이의 구분의 기준은 잘 이해되지 않습니다. 크레인은 플롯을 행동의 플롯, 성격의 플롯, 사고의 플롯으로 구분하기도 하고 프리드먼은 14개 유형으로 나누기도 합니다.

이외에도 많은 학자들이 플롯의 유형화를 시도하였습니다. 패턴을 발견하는 것은 연구자들에게는 늘 흥미로운 일이거든요. 그런데 그 패턴이 유효한가, 유형을 나누는 기준은 무엇인가, 이러한 구분에 적용되는 플롯이 어느 정도 되는가 하는 문제들이 남습니다. 변신형 플롯, 모험형 플롯, 여정형 플롯, 추적형 플롯, 도피형 플롯, 복수형 플롯, 구출형 플롯, 탈출형 플롯 등 유형을 나누자면 한도 끝도 없는 지경에 이릅니다. 그래서 또 많은 학자들이 의문을 품기도 합니다. 그렇지만 이러한 플롯의 유형을 찾는 일을 포기할 수는 없어요. 왜냐하면 잘 찾기만 하면 이야기를 구성하는 데 있어 그야말로 대박이 될 테니까요. 그래서 영화를 만드는 사람들은 영화가 가진 서사의 관습을 마스터 플롯으로 삼았습니다. 그것이 영화의 장르입니다.

(2) 영화의 장르

서부극, 갱영화, 멜로드라마, 탐정물, 호러, 뮤지컬, 코미디, 재난영화, SF, 로드무비 같은 장르 영화들은 특정한 유형의 스토리 패턴을 가졌습니다. '그 영화는 멜로드라마야.' 혹은 '그 영화는 판타지야.' 하는 말만 들어도 그 영화가 대충 어떤 이야기일지 상상이 됩니다. 상상이 가지만 그 영화를 보러 영화관에 갑니다. '얼마나 다른 멜로드라마일까' 혹은 '강동원이 나오는 호러 영화는 어떨까?', 영화 꽤나 본다는 사람들은 뻐기면서 말할지도 모릅니다. '타란티노는 이번 영화에서 어떤 식으로 장르의 관습을 조롱하고 비틀까?' 이처럼 다양한 관심으로 영화를 보러갑니다. 물론 위와 같은 생각 없이 누군가는 그런 영화가 유행이니 친구 따라 보러가기도 하지만, 그 또한 장르 영화의 힘이라고 말할 수 있습니다. 장르 영화는 관객의 취향 위에 서 있고 그 관객의 취향으로 성패가 정해집니다. 그러니 관객의 취향에 민감하고 그 취향을 선도하기도 하는 마스터 플롯의 힘은 대단한 것입니다. 이렇듯 대중의 취향을 선도하는 장르 영화가 영화산업에서 큰 부분을 차지하는 것은 당연합니다. 진지한 예술영화를 좋아하는 사람보다 심각하지 않은 대중영화를 즐기는 관객의 수가 압도적이라는 것은 길게 설명할 것이 아닙니다.

하나의 장르에는 이야기에 부합하는 전형적인 인물이 등장하고(갱영화의 보스, 서부극의 총잡이, 호러 영화의 괴물), 도상학적인 일관성(총잡이의 차림새, SF영화의 우주 풍경, 뮤지컬 영화의 화려한 의상)이 있으며, 관습적인 배경(갱영화의 도시의 밤, 서부극의 황량한 황무지) 안에서 양식화된 행동(결투를 한다, 우주선을 조종한다, 연인과 춤을 춘다, 몸짓으로 웃긴다)을 합니다. 가장 미국적인 장르인 서부극에는 총잡이들이 등장하고 미개척지인 황량한 서부를 배경으로 거친 남자들의 세계가 그려집니다. 갱영화들은 도시의 밤을 배경으로 말쑥한 검정 슈트를 차려입은 남자들이 총을 쏘며 나쁜 일을 도모하다 실패하는 스토리 패턴을 보여줍니다. 뮤지컬은 화려한 의상을 입은 비현실적인 신데렐라 이야기이며, 로맨틱 코미디 장르의 선조격인 스크루볼 코미디는 다른 계급의 두 남녀가 말싸움을 통해 결혼에 이르는 과정을 보여줍니다. 탐정은 범죄를 해결하려고 동분서주하면서 감춰졌던 진실을 알아 갑니다.

스티브 닐은 '장르는 반복과 차이다. 그것이 바로 관객의 기쁨이다'고 말합니다. 이처럼 각 장르들은 하나의 원형적인 이야기 패턴이기 때문에 반복적이지만 동시에 차이를 보여주며 변주됩니다. 그렇지 않으면 지루하고 식상해서 관객들이 외면하기 때문이죠. 그래서 장르는 진화한다고 말합니다. 장르의 진화는 몇 단계로 이루어지는데 일반적으로 장르 사이클은 실험기-고전기-원숙기-바로크 시기로 나뉩니다. 실험기는 특정 장르가 태동하는 단계로 고유한 관습이 확립됩니다. 고전기는 안정적이면서 풍부한 장르의 완성기라고 할 수 있습니다. 관객들과 상호 이해가 되는 장르의 성숙 단계입니다. 세 번째 원숙기는 장르가 정점을 지나 형식미가 극에 달한 세련화 시기입니다. 고전적이고 이상적인 장르의 관습이 균열을 보이기도 합니다. 그 장르 자체의 추진력이 떨어지면서 다른 장르들과의 혼성이 일어나기도 합니다. 네 번째 바로크 시기는 자기반영적이고 매너리즘에 빠지는 단계로 자신의 관습을 스스로 비틀고 조롱하거나 진부한 것으로 대하고 우스꽝스럽게 깎아내리는 패러디적 표현을 하기도 합니다.

서부극의 경우, 〈역마차〉로 시작되고 〈셰인〉과 〈수색자〉로 이어지던 장르의 진화는 존 웨인이 등장하는 일련의 서부극들로 전성기를 구가하다가 자기반영성이 두드러지는 〈황야의 7인〉과 마카로니 웨스턴이라 불리는 〈황야의 무법자〉 시리즈로 장르적 진화를 합니다. 이 장르의 아이콘이었던 클린트 이스트우드의 〈용서받지 못한 자〉처럼 자기 스스로를 진지하게 패러디하는 장르 진화의 마지막을 보이기도 합니다.

〈친구〉로 시작된 한국의 조폭영화도 〈조폭 마누라〉를 정점으로 꺾여 〈두사부일체〉, 〈달마야 놀자〉 같은 퇴행적이고 장르 혼종적인 영화들로 이어지다 〈신라의 달밤〉과 같은 가치전도적인 영화들로 진화하는 모습을 보입니다. 그 영화들의 사이에는 유사하지만 식상한 영화들이 존재합니다. 1990년대 말 〈접속〉으로 시작된 새로운 멜로드라마 영화의 진화는 최진실 주연의 〈편지〉와 같은 정통 멜로드라마로 발전하고 〈8월의 크리스마스〉로 장르의 절정을 보여주며 〈시월애〉,

〈동감〉을 지나 조폭영화와 결합하는 〈약속〉으로 하나의 장르 사이클을 마무리하는 것이지요. 이 영화들의 사이사이에 〈해가 서쪽에서 뜬다면〉, 〈연풍연가〉, 〈크리스마스에 눈이 내리면〉, 〈화이트 발렌타인〉 같은 영화들이 명멸했습니다. 비교적 최근의 예를 들어보겠습니다. 비극적인 세월호 사건이 일어난 해 여름에 〈명량〉이 일천칠백만 관객을 돌파했고 그해의 흥행 2위는 〈해적: 바다로 간 산적〉, 그리고 〈해무〉라는 영화가 있었습니다. 한국영화에서 바다를 배경으로 하는 영화들이 많지 않았지만 유난히 이 해에 바다를 배경으로 하는 영화들이 많이 등장합니다. 세월호 사건의 충격이 우리 사회에 트라우마가 되면서 대중들의 심성을 바다 소재 영화들이 건드렸다고 해석할 수 있을 것 같습니다. 하나의 장르라고 볼 순 없지만 이처럼 대중영화들이 비슷한 배경과 소재를 취하는 경우를 종종 볼 수 있습니다.

플롯 유형이라는 관점에서 장르 영화의 진화는 한 사회의 시대적 공감과 깊이 관련된다는 점에서 단순한 플롯의 유형을 넘어섭니다. 장르 영화는 감독 개인의 예술적 성과라기보다는 대중의 취향을 고려해 시스템 안에서 만들어진 결과물이기 때문입니다. 그래서 장르 영화에는 당대의 시대정신, 그 사회가 공유한 공포, 불안, 이념과 같은 정신적인 상태나 집단 정서, 무의식적 욕망들이 드러납니다. 장르 영화의 흥망성쇠는 그 사회의 정서나 통념의 바로미터라고 할 수 있습니다.

3. 서술(내레이션, narration)

서술(내레이션)은 작가가 '플롯의 특정 효과를 얻기 위해 스토리 정보를 배분하는 방법이자 그 과정'이라고 정의할 수 있습니다. 스토리 사건들을 플롯의 사건들로 배열하는 방법인 것입니다. 동시에 관객에게는 플롯을 스토리로 재구성하는 데 도움이 되는 역추적의 계기가 되기도 합니다. '스토리(story)를 어떻게 텔링(telling)할 것인가'에 대한 기술적인 전략이라고 할 수 있습니다.

서술의 전략에서 주요 문제들은 이런 것들이 있습니다.

- 시간을 어떻게 구성할 것인가?
- 스토리 정보를 어떤 방식으로 관객에게 알려줄 것인가? 대사로 알려줄 것인가? 이미지만 보여줄 것인가? 언제 알려줄 것인가?
- 어느 지점까지 보여주고 어디에서 그것을 멈출 것인가?
- 아니면 결정적인 순간까지 보여주는 것을 미룰 것인가?
- 어떤 장면은 미리 보여주면서 앞으로 일어날 일을 예고하는 것이 효과적인가?
- 언제 놀라게 하고 언제 가슴 졸이게 해야 할까?
- 닫힌 결말을 만들 것인가, 열린 결말로 둘 것인가?
- 누구의 목소리로 말하고 누구의 시선으로 볼 것인가?
- 그 목소리는 신뢰할 만한 것인가?

등등의 많은 고민들이 존재합니다. 이 전부는 셰에라자드가 잘했던 방식, 이야기를 말하는 방식, 즉 '스토리텔링의 기술' 입니다.

1) 시간의 구성

영화에서 시간은 아주 자유롭습니다. 영화 구성의 기본단위인 쇼트 하나의 길이가 평균적으로 몇 초 정도밖에 되지 않기 때문입니다. 쇼트의 길이는 감독이나 편집기사에 의해 달라지겠지만 최근 할리우드 쇼트의 길이는 더욱 짧아져서 평균 2초이며 전체가 2천 컷이 넘는 경우가 많다고 합니다. 그런 단위로 잘려 있는 쇼트와 쇼트를 이어 붙여 만들어지는 것이 영화입니다. 따라서 영화에서 시간은 단절적이라고 할 수 있습니다. 되돌아가지 않는 실제의 시간과는 달리 앞으로 흘러가지 않을 수도 있고 과거로 돌아갈 수도, 미래로 건너뛸 수 있어요. 영화의 공간도 이와 비슷하지요. 시간을 자유자재로 구성하여 시각, 청각적으로 보여주는 것은 극영화의 본질에 해당하는 것입니다. 2시간 안팎의 영화 한 편이 진행되는 동안 우리는 10분 동안의 스토리를 볼 수도 있고 수백 년을 넘나드는 스토리를 만날 수도 있어요. 말하자면, 영화는 시간을 늘렸다 줄였다 할 수 있는 매체입니다. 소설도 시간을 넘나들 수 있지만 영화는 편집을 통해 더 생생하고 더 촘촘하고 더 극적으로 시간을 지배합니다. 영화 속에서 시간은 반복될 수도 있고, 생략될 수도 있으며, 더 느리게 흘러 갈 수도 있고, 심지어 거꾸로 갈 수도 있습니다. 한 인물의 이야기가 과거와 현재와 미래를 왔다 갔다 하는 것이 영화에서는 얼마든지 가능합니다. 그런 시간의 조절이 스토리를 유추하게 합니다. 시간 여행 영화나 타임 슬립(time-slip) 영화로 불리는 시간에 관한 영화들처럼 흘러 가면 다시는 돌아오지 않는 시간의 규칙을 위반하는 영화들은 헤아릴 수 없이 많습니다. 누가 뭐라 해도 영화는 시간의 예술입니다.

☞ **타임 슬립과 시간을 소재로 한 영화들**

타임 슬립(time-slip)이란 말은 일본 작가 무라카미 류의 소설에 등장하면서 통용되기 시작한 신조어라고 하네요. 시간 여행을 하는 영화도 있지만 과거와 현재의 시간이 뒤죽박죽되어 벌어지는 이야기들도 많습니다. 이렇게 시간을 중심 소재로 삼는 영화들은 이전부터 존재해 왔고 최근 더욱 많이 만들어지고 있습니다. 원조격인 〈백 투 더 퓨처〉부터 미래로부터 현재로 오는 사이보그들이 등장하는 〈터미네이터〉, 〈12 몽키즈〉 같은 영화들도 있었고, 하나의 사건이 시간적으로 반복되는 타임 루프(time-loop) 영화들도 있습니다. 로맨틱 코미디인 〈사랑의 블랙홀〉, 〈어바웃 타임〉 같은 타임루프 영화들도 있지만 〈엣지 오브 투모로우〉, 〈소스코드〉 같이 죽음을 반복하는 컴퓨터게임 같은 구조를 가진 영화들도 여러 편 등장합니다. 이외에도 〈시간을 달리는 소녀〉, 〈시간 여행자의 아내〉, 〈나비효과〉, 〈동감〉, 〈이프 온리〉, 〈미드나잇 인 파리〉 같은 영화들이 시간을 자유롭게 활용한 영화들로 떠오르네요.

(1) 서사(스토리) 시간 / 스크린(플롯) 시간

서사의 시간은 사슬같이 얽힌 사건들의 연쇄에 의해 구성됩니다. 사건들 자체가 시간의 질서를 창조하게 만든다고 할 수 있어요. 서사적 시간은 어떤 길이가 정해질 필요가 없습니다. 이 시간을 마음대로 쥐락펴락하는 힘은 작가나 감독에게 있을 겁니다. 우리는 스토리상 중요한 사건이 벌어지고 있는 장면에서 좀 더 밀도 있게 집중된 시간을 경험하기도 하고 스토리 진행상 무의미한 시간들을 훌쩍 뛰어넘는 경험도 자주 합니다. 우리는 영화 장면이 바뀌면서 '10년 뒤'라는 자막으로 시간의 경과를 알려주는 장면과 여러 장의 달력이 휘리릭 넘어가면서 그만큼의 시간이 흘렀다는 것을 보여주는 장면들에 익숙합니다. 그런 신호 없이도 오랜 시간의 경과를 보여주는 방법은 여러 가지가 있겠죠.

영화에는 이외에 또 다른 시간이 있습니다. 영화가 상영되는 2시간 안팎의 스크린 시간입니다. 스토리텔링 시간이라고 할 수 있는 상영 시간이지요. 우리에게 주어지는 플롯 시간이기도 합니다. 소설이라면 독서 시간에 해당할 수 있습니다. 물론 누군가는 책을 빨리 읽고 누군가는 느리게 읽어서 그 독서 시간도 일정하진 않지만 영화관에 가서 영화를 본다면 그건 누구나 같은 시간을 보는 것이겠죠. 내러티브(스토리) 시간은 하루가 걸릴 수도, 영겁의 세월에 걸쳐 일어날 수도 있어요. 1분 동안 벌어진 일일 수도 있고 수십 년에 걸친 누군가의 일생일 수도 있습니다.

니코스 카잔차키스의 소설인 『그리스도 최후의 유혹』은 예수가 십자가에 못 박혀 죽음에 이르는 순간까지 몇 분 동안의 환상을 책의 절반에 달하는 수백 페이지에 걸쳐 적고 있습니다. 그 죽음의 순간에 예수는 천사의 유혹에 빠져 막달라 마리아와 결혼을 하고 아이를 낳고 살아가는 평범한 남자의 삶을 경험합니다. 유혹은 유혹으로 끝나지만 인간 예수의 모습을 그린 내용으로 많은 논란이 되었지요. 이 이야기를 영화화한 것이 마틴 스콜세즈 감독의 〈그리스도 최후의 유혹〉입니다. 그 영화의 상영 시간은 164분입니다. 몇 분 동안의 유혹의 시간 동안 예수는 인간으로서 한 생애를 살았고 그것이 책에는 수백 페이지로 영화에는 1시간이 넘는 동안 그려집니다. 영화가 얼마나 많은 시간의 층위를 가지고 있고 그런 시간들을 자유자재로 구사할 수 있는지 알 수 있습니다.

(2) 순서(order), 지속(duration), 빈도(frequency)

제라르 주네트의 시간에 관한 분석은 영화의 시간을 다 설명하지는 못하지만 아직까지 유효한 이론입니다. 시간의 연대순으로 되어 있는 이야기의 연쇄가 파블라, 그렇지 않은 것이 슈제트라고 말씀드렸어요. 슈제트를 다른 말로 플롯이라고 한다는 것도요.

플롯은 스토리의 사건들을 작가의 의도에 따라 재배열합니다. 그러나 스토리의 순서적인 연속을 알아볼 수 있어야 해요. 만일 그렇지 못하면 플롯의 통일성이 깨집니다. 특히 영화에서는 심각해집니다. 영화는 기본적으로 편집으로 이루어지기 때문에 장면의 전환이 회상(flashback) 장면인지, 앞으로 일어날 일의 예시(flashforward) 장면인지 구분하기 어려울 때가 있습니다. 어쩌면 그 장면 전환은 단순한 생략일 수도 있지만 이런 스토리의 일관성을 놓친다면 이야기는 뒤죽박죽이 되고 관객들은 혼란에 빠지게 되겠죠. 아무리 복잡한 시간 배열이라도 일관성을 유지한다면 관객들은 스토리를 재구성하는 데 큰 어려움을 느끼지 않습니다. 영화는 소

☞ **실시간(real time) 영화 〈잔느 딜망〉**

1970년대 페미니즘 영화 중 가장 중요한 작품이라 할 수 있는 벨기에의 샹탈 애커만 감독의 〈잔느 딜망〉(1975)은 실제 시간의 기록에 대한 영화라 할 수 있습니다. 이 3시간짜리 실험적인 다큐멘터리는 여성의 가사노동을 실시간으로 지루하게 담아내는 컷들을 포함하고 있습니다. 남편과 사별한 주부가 생계를 유지하기 위해 성매매를 하고 장을 보고 청소를 하고 설거지를 하는 단조로운 모습이 지속됩니다. 영화의 마지막 장면은 놀랍습니다. 자신을 억누르며 성행위를 하던 손님의 몸 아래서 버둥거리던 잔느가 가위로 그를 찔러 죽이고 가만히 앉아 있는 것으로 영화는 끝납니다. 페미니즘 진영의 찬사를 받았던 영화로 잔느의 가사노동 장면은 서사 시간과 스크린 시간이 컷트 없이 영화에 그대로 담겨 있습니다.

설과 달리 동시에 두 가지 이상의 사건이나 인물의 행동을 보여줄 수도 있습니다. 화면을 분할하는 방법도 있고, 이중노출(오버랩)을 사용할 수도 있습니다. 그리고 교차편집의 방법도 있습니다. 이것은 소설에서는 구사하기 어려운 영화만의 스토리텔링 방법이기도 합니다.

지속(duration)은 내러티브 시간과 스토리텔링 시간, 즉 스크린 시간 사이의 관계에 관해 설명합니다. 요약, 생략, 장면, 연장, 휴지의 다섯 가지 가능성이 있습니다.

요약은 간략히 설명하는 장면을 떠올리면 돼요. 가령, '킴은 뉴욕에 10년 동안 살았다' 같은 문장으로 영화에서는 불과 5초로도 10년의 시간을 요약해서 보여줄 수 있습니다. 간단한 자막이나 누군가의 목소리로 서술할 수도 있겠죠.

생략은 연속적인 동작을 커트하거나 사건들의 중간을 말 그대로 생략해서 보여주지 않는 것입니다. 편집은 중요한 장면들을 보여주지만 동시에 불필요한 장면들을 보여주지 않는 기능도 합니다.

장면(scene)이란 어떤 장면을 생략이나 요약 없이 거의 그대로 다 보여주는 것을 말합니다. 대화를 보여준다거나 명백한 물리적 동작을 처음부터 끝까지 보여주는 것이죠. 〈잔느 딜망〉 같은 영화가 그렇다고 할 수 있습니다.

연장(stretch)이란 스토리텔링 시간이 스토리 시간보다 긴 경우로, 영화에서는 슬로우 모션이 대표적입니다. 또 시간을

생략	서사 시간 N 스크린 시간 1/N(자막 등)
요약	서사 시간 〉 스크린 시간
장면	서사 시간 = 스크린 시간
연장	서사 시간 〈 스크린 시간
휴지	서사 시간 0 스크린 시간 N

[표2] 지속의 종류 비교

늘리는 방법으로는 오버랩이나 계속되는 반복적 편집 같은 것들이 해당됩니다. 하나의 사건이나 행동을 여러 앵글로 반복해서 보여줄 수도 있겠죠.

휴지(pause)는 영화에서는 찾아보기 쉽지 않습니다만, 어떤 필요에 의해 스토리텔링의 전략이 될 수 있습니다. 소격 효과를 노리고 까만 블랭크 화면으로 한동안 모든 것이 멈춰 있는 장면을 일부러 삽입한다면, 그 장면이 휴지가 되겠지요. 혹은 움직임 없이 어떤 의도로 인해 잠시 장면이 멈춘다면 그것도 휴지가 되겠죠. 영화 상영 도중에 장면이 멈추는 것은 일종의 영사 사고 일겁니다. 그러니 장면이 멈춘다고 스크린 시간이 없는 것은 아닙니다. 그리고 중요한 것은 시각과 청각이 따로 작동할 수도 있어요. 움직임은 시각적으로는 멈췄으나 청각적으로는 음악이나 사운드, 혹은 대화하는 목소리가 지속될 수도 있고, 소리가 멈췄으나 화면의 행동은 음 소거 상태에서 진행될 수도 있습니다. 소리 없이 화면만 움직이는 장면이 철학적인 전쟁영화 〈씬 레드라인〉에 있습니다. 소리의 휴지는 엄청난 적의 포격이 빗발치는 가운데 갑자기 아무 소리도 들리지 않는 심리적 상황을 효과적으로 보여줍니다. 너무나 충격을 받은 주인공의 공황 상태를 표현하고 있습니다. 이런 예는 꽤 많습니다.

빈도(frequency)는 영화에서 시간과 관련하여 스토리를 끌어가는 아주 효과적인 전략이 될 수 있습니다. 〈소스 코드〉나 〈엣지 오브 투모로우〉 같은 영화는 동일한 사건을 계속해서 반복하면서 서사를 진행합니다. 이런 영화들을 최근에는 타임루프(time loop)영화라고 합니다. 주네트가 말하는 중첩 반복서술에 해당하는 것이지요. 〈메멘토〉는 동일한 반복이라기보다는 10분 전 기억을 잊는 남자 주인공 덕에 우리는 영화를 보는 내내 방금 전의 사건을 반복해서 보아야 합니다. 영화 내러티브가 10분전 과거로 계속해서 재구성되는 것이죠. 시간은 초등학교 입학하면 색연필로 제일 먼저 그리던 나선형처럼 진행되죠. 호러 영화 〈매드니스〉에서 주인공은 유령이 출몰하는 동네를 벗어나려고 안간힘을 쓰지만 그는 계속 같은 곳을 맴돌 뿐입니다. 그런 반복은 공포를 창출합니다. 똑같은 행동의 반복은 지루함이나 일상의 변화 없음을 보여주는 경우가 많지만 위의 예들처럼 벗어날 수 없음이나 공포, 우스꽝스러운 느낌을 만들어낼 수 있습니다. 나사를 조이는 똑같은 행동을 반복하다가 기계의 톱니바퀴 속으로 끼어들어가고 마는 〈모던타임스〉의 채플린을 떠올려보세요. 처음에는 그의 반복적 행동이 우습지만 씁쓸한 정서를 함께 만들어내며 현대 사회를 풍자합니다.

2) 서스펜스와 서프라이즈(suspense & surprise)

스토리 정보의 배분과 조절은 이야기의 완급, 관객의 감정, 추리의 수준을 결정합니다. 중요한 정보를 미리 주는가, 지연시키는가, 다 주는가, 감추는가에 따라 작가나 감독은 스토리를 쥐었다 놨다 당겼다 밀었다 하면서 전체의 리듬과 완급을 조절할 수 있습니다. 이야기를 만들어내는 사람들이 완벽하게 지배력을 갖는 부분이지요. 어쩌면 텍스트의 재미가 샘솟는 스토리텔링 기술의 백미라고 할 수 있습니다. 관객의 관심을 고조시키고 몰입하게 만들고 손에 땀을 쥐게 하는 능력들이지요. 히치콕 감독은 이 부분에 탁월한 능력을 발휘했습니다.

서스펜스(suspense)는 '우려를 특징으로 하는 불확실성'이라고 할 수 있습니다. 채트먼은 '고통과 쾌락의 묘한 혼합체'라고 표현합니다. 서스펜스는 시간 집약적인 개념으로 과거에 무슨 일이 일어났으며 다음에 무슨 일이 일어날 것인지 알고 싶어 하는 마음에서 생기는 즐거운 조바심(영화 속 상황은 끔찍하게 벌어진다 할지라도 관객의 쾌락은 즐겁고 흥미진진한)입니다. 서사를 진행하는 동력원이라고 할 수도 있습니다. 관객들로 하여금 뒤를 돌아보거나 앞을 내다보게 강요하는 힘이죠. 보통 그 일부가 복선이나 예시에 의해 이루어집니다. 그 복선과 예시는 기대와 다르게 펼쳐질 가능성도 높습니다. 장르적으로 서스펜스는 환하고 즐거운 이야기보다는 비극적 아이러니와 관계가 깊습니다. 비극적 인물은 점점 더 자신의 파멸에 다가갑니다. 서스펜스 스릴러나 호러 영화의 서스펜스 같은 말은 들어보았지만 서스펜스 코미디나 서스펜스 뮤지컬이라는 홍보 문구를 들어보지는 못한 것 같습니다. 관객은 서스펜스 자체에 놀라지는 않지만 점점 더 걱정이 고조되고 심박동이 빨라지는 감정의 흥분과 고조를 경험합니다. 서스펜스는 단지 기대가 아니라 이런 기대의 팽창이고, 그 기대의 리듬이며 지속이고 시간인 것입니다. 관객의 기대를 조절하는 것이 서스펜스입니다. 서스펜스의 끝에 서프라이즈가 놓여 있는 경우가 많지요.

보드웰은 히치콕 영화를 서스펜스의 예로 제시합니다. 히치콕은 관객에게 가능한 한 많은 정보를 제공하는 것이 서스펜스에 더 적합하다는 믿음을 가지고 있었답니다. 가령, 열차에 시한폭탄이 설치된 장면을 생각해봅시다. 관객들은 폭탄의 장치 사실을 알고 있지만 등장인물은 그 사실을 알지 못합니다. 시한폭탄의 제한시간은 점점 줄어들고 주인공은 태연하고 무심한 표정을 짓고 있다면 관객들에게 서스펜스가 만들어지는 것이지요. 시한폭탄의 남은 초침이 째깍째깍 줄어듭니다. 관객은 결과를 예상할 수 있고 등장인물은 그렇지

[동영상3] 영화
〈새〉의 운동장 장면
패스워드: amormundi

못한 상황입니다. 등장인물에게 시시각각 다가오는 위험을 보면서 관객의 서스펜스는 극도로 고조됩니다.

저는 히치콕의 다른 영화 〈새〉의 예를 제시하고 싶어요. 주인공 여자는 아이를 데리러 학교 운동장에 와 있습니다. 아이가 아직 수업이 끝나지 않아 기다리는 중입니다. 운동장 벤치에서 담배를 한 대 피워 뭅니다. 등장인물도 관객도 처음에는 무심하게 봤는데 정글짐에 까마귀가 한 마리 날아옵니다. 잠시 후에 세 마리, 여섯 마리 점점 늘어납니다. 그때까지만 해도 까마귀는 그렇게 위협적이지 않습니다. 교실 쪽을 바라보는 여자에게 시선을 옮깁니다. 까마귀는 보여주지 않습니다. 그러다 여자의 시선은 하늘을 날아가는 까마귀 한 마리를 따라갑니다. 그 시선의 끝에 새카맣게 정글짐 위에 빼곡하게 앉아 있는 까마귀들을 보여줍니다. 주인공 여자가 놀라서 학교 건물로 뛰어 들어갑니다. 관객들도 그 정도일 줄은 몰랐지만 서서히 고조되는 서스펜스의 결과, 놀람을 경험합니다. 선생님과 아이들이 건물 밖으로 나오기 위해 준비하는 잠깐 동안 서스펜스는 잠시 잦아드는 듯합니다. 그러나 아이들이 건물 밖으로 나오자 정글짐 가득 앉아 있던 까마귀들이 날아오르고 아이들의 머리 위에서 하늘 가득히 날아와 공격합니다. 까마귀들의 공격은 끔찍하긴 해도 스토리텔링의 측면에서는 고조된 서스펜스가 해소되는 장면이라고 할 수 있습니다. 불안과 긴장 상태가 풀리는 것이죠. 고조된 서스펜스가 까마귀의 공격으로 해소되는 것은 우려와 긴장이 설마 설마하면서도 기대했던(?) 장면으로 이어지기 때문입니다. 이런 의미에서 서스펜스와 서프라이즈는 관객들의 마음 상태를 자유자재로 완급 조절합니다. 서스펜스는 우려에서 시작된다고 했어요. 우려라는 것은 무슨 일이 일어날지 알기 때문에 생겨납니다. 스토리 정보를 지연하거나 복선처럼 암시하는 것은 관객의 긴장감을 조절하는 효과적인 스토리텔링 방법인 것이죠.

그러면 서프라이즈(surprise)는 어떨까요? 서프라이즈는 기대를 저버리는 것, 반전, 예상치 못한 일이 벌어지는 것에서 발생합니다. 언젠가 봤던 기막힌 서프라이즈를 보여주는 짧은 애니메이션이 있었습니다. 아무리 동영상을 뒤져도 못 찾아서 말로 설명해보겠습니다. 6~7분 정도 되었던 것 같습니다. 비가 오는 칠흑 같은 밤입니다. 번개가 번쩍입니다. 번 갯불이 번쩍일 때만 주변이 번쩍하고 보입니다. 한 남자가 빗

속에서 어느 집을 향해 다가갑니다. 아마 숲속인 듯합니다. 번쩍하는 순간만 보이니 관객들은 삽시간에 집중합니다. 분위기는 호러 영화의 그것입니다. 저벅저벅하는 발소리와 추적추적 빗소리, 번쩍번쩍하는 번갯불, 남자는 양복 차림에 중절모를 쓰고 있습니다. 실루엣만으로 좋은 사람인지 나쁜 사람인지도 알 수 없습니다. 분위기는 음산하고 남자가 집으로 다가가면서 긴장감이 고조됩니다. 금방이라도 뭔가 확 튀어나올 것만 같습니다. 문을 천천히 엽니다. 집 안은 캄캄해서 번갯불이 번쩍일 때 보이는 게 전부입니다. 문이 끼익 소리를 내며 덜커덕 닫힙니다. 그 순간, 갑자기 집 전체에 불이 전부 켜지고 폭죽이 펑펑 터지며 해피 버스데이 노래와 함께 왁자지껄해집니다. 카메라는 환하게 생일 축하 노래가 울려 퍼지는 집 전체를 보여주며 크레딧이 올라갑니다. 이처럼 서프라이즈는 관객의 기대를 저버리는 방식으로도 작용하는 것입니다. 까마귀 장면에서도 서프라이즈는 존재합니다. 물론 까마귀들이 공격하는 것도 서프라이즈에 속하지만 그것은 서스펜스의 결과로서 예상 가능한 것입니다. 놀라운 반전이라 할 만한 생일 서프라이즈만큼 충격적이지는 않습니다. 기대의 결과인 서프라이즈도 존재하지만 기대를 저버리는 서프라이즈는 더 놀랍습니다. 반전에서 더 큰 쾌감을 느끼는 것입니다.

서프라이즈는 흔히 호러 영화에서 볼 수 있습니다. 한여름 영화관의 비명 소리를 생각해보세요. 서프라이즈는 사람들에

[동영상4] 〈디아더스〉의
서프라이즈와 서스펜스
패스워드: amormundi

게 인기가 많습니다. 생각지도 않게 놀라는 것은 쾌락을 줍니다. 머리칼이 쭈뼛 서고 모골이 송연하며 등골이 오싹한 장면이 서프라이즈의 장면입니다. 니콜 키드먼 주연의 영화 〈디 아더스〉에서 인형을 가지고 놀던 아이가 뒤를 돌아보자 얼굴이 쭈글쭈글한 노파의 모습이던 그 장면은 지금 생각해도 참으로 놀라운 기억입니다. 〈주온〉에서 이불 속에서 원귀가 등장하는 장면도 그에 못지않았습니다. 집중과 몰입도가 최고인 서프라이즈도 지나가면 바로 흥미가 사라지지요. 그래서 서스펜스와 서프라이즈는 함께 동반되는 경우가 많습니다. 서스펜스가 차곡차곡 쌓이고 그 뒤에 적절한 때 서프라이즈가 오는 것이지요. 앞뒤 맥락 없이 깜짝 놀라게 하는 장면들이 있지만 서스펜스로 다져진 다음에 오는 장면에 비하면 개연성이 떨어져서 스토리의 맥을 끊는 경우도 있어요. 원하는 효과를 얻기가 쉽지 않겠죠. 서스펜스가 잘 구축되어야 서프라이즈의 효과도 극대화됩니다. 서프라이즈가 과하게

85

남발되면 오히려 이야기의 긴장감을 반감시킬 수도 있으니 주의가 필요합니다. 양치기 소년의 거짓말이 반복될수록 관심을 유발하지 못하는 것과 같은 이치입니다.

그렇다면 서스펜스와 서프라이즈는 계속될 수 있을까요? 답부터 하자면, 처음과 같은 정도는 아니지만 계속될 수 있습니다. 영화평을 읽다가 제대로 된 스포일러를 만났다면 그 장면을 볼 때 긴장감이 없을까요? 예전에 본 긴장감이 극에 달했던 영화를 다시 본다면 그때 그 긴장감을 느낄 수 있을까요? 여러 사람들의 경험으로는 긴장되는 장면에서는 또 긴장되고, 놀라는 장면에서는 다시 놀라고, 눈물 흘리는 장면에서는 반복해서 눈물을 흘린다는 이야기를 많이 듣습니다. 결과를 이미 알고 있을 때 서스펜스를 느끼는 현상을 심리학자 리처드 게릭은 '변칙 서스펜스(anomalous suspense)'라고 부르기도 합니다. 서스펜스와 서프라이즈가 서사로의 집중과 몰입을 가져오긴 하지만 서스펜스와 서프라이즈만이 만능열쇠는 아닙니다. 변칙 서스펜스의 존재는 서사물이 서스펜스와 서프라이즈 이상의 즐거움을 제공한다는 점을 환기시킵니다. 결말을 알고 본다 해도, 다시 똑같은 영화를 본다고 해도 감동을 주는 이야기들은 여전히 감동적입니다.

서사 전체를 놓고 볼 때 불확실한 것은 중간뿐이지요. 종결이 오기 전에 경험하는 불안정과 긴장 상태가 서스펜스인 셈입니다. 그렇다면 이제 종결의 문제가 남네요.

3) 종결(ending)

　우리는 너무도 당연하게 이야기는 끝나야 한다고 말합니다. 그런데 과연 끝이 필요한가요? 플롯의 끝은 있지만 스토리의 끝은 없다고 말해야 할까요? 아니면 이야기의 끝은 있지만 삶의 끝은 없다고 할까요? 정해진 시간 안에 영화가 끝나긴 하지만 서사의 종결 문제도 생각해 보면 그리 간단한 문제는 아닙니다.

　닫힌 결말과 열린 결말에 대해 들어본 적이 있으시죠? 이 둘을 비교하면 서사의 종결, 영화의 끝에 대해 비교적 쉽게 이해할 수 있어요. 결론부터 말하면, 서사 안에서 반드시 종결이 발생할 필요는 없습니다. 영화가 끝나도 이야기는 계속될 수 있습니다. 많은 영화의 속편들과 시리즈물들, 수십 화에 달하는 애니메이션이나 드라마들도 생각해볼 수 있을 것 같습니다.

　닫힌 결말(close ending)은 마지막이 '대단원'이라는 말이 어울리는 완결된 이야기입니다. 주인공이 추구하던 일이 실패하든 성공하든 어떤 방향으로든 결론이 나는 것이죠. 많은 영화들이 닫힌 결말을 선호하는 것은 많은 설명이 필요할 것 같진 않습니다. 〈반지의 제왕〉에서 반지원정대 모두가 모험을 마치고 다시 집으로 돌아가거나, 〈해리포터〉에서 그리핀도르의 우승과 방학이 되어 집으로 돌아가는 장면들은 이야기를 명확하게 완결시킵니다. 커플들이 등장하는 많은 할리우드 스토리들은 결혼이나 약혼, 키스 같은 해피엔딩을 보여줍니다. 대개는 뮤지컬도 슬프게 끝나지는 않습니다. 무엇보다 사람들이 춤추고 노래하는 해피엔딩을 보며 즐거워하기 때문이지요. 그렇지만 명확한 해피엔딩들은 때로 인생의 다양하고 깊은 의미를 너무 가볍게 다루는 경향이 있고 너무 쉽게 결말이 나서 가끔 허망하기도 합니다. 특히 오락성을 위주로 하는 영화들의 경우 무조건적 해피엔딩을 보여주는 경향이 많습니다.

반면, 열린 결말(open ending)은 명확한 결말이 없거나 주인공의 행보가 불분명하게 끝나는 영화들을 예로 들 수 있습니다. 일부의 관객들은 그 불명확한 종결에 분노를 느끼기도 하고 의아해하기도 합니다. 하지만 닫힌 결말에 비해 깊고 긴 여운을 남기는 장점이 있습니다. 애매모호함은 의미를 풍요롭게 하기도 하니까요. 〈인셉션〉의 돌아가는 팽이로 끝나던 장면이나 〈마더〉의 관광버스 안에서 춤을 추던 엄마의 모습으로 끝나는 아스라한 장면이 떠오릅니다. 〈자전거 도둑〉의 결말에서 아들의 손을 잡고 인파 속으로 사라지는, 자전거 도둑을 잡으려다가 자전거 도둑이 되고 만 남자의 뒷모습도 대표적인 열린 결말의 장면입니다. 벼랑으로 달려가다 멈춘 장면으로 끝나던 〈델마와 루이스〉도 대표적인 열린 결말을 가지고 있습니다. 열린 결말은 영화가 끝나도 그들의 삶

[동영상5] 영화 〈마더〉의 결말
패스워드: amormundi

은 계속된다는 강한 느낌을 줍니다. 혹은 결정적인 순간을 완전히 관객에게 맡겨버리는 영화도 있습니다. 가이 리치 감독의 〈록 스탁 앤 투 스모킹 배럴즈〉의 결말이 그렇습니다.

이야기의 종결은 욕망에 만족감을 주고, 서스펜스에는 안도감을 안겨주며, 혼란에는 명확함을 가져다줍니다. 종결은 해피엔딩이든 새드엔딩이든 서사에서 찾고자 하는 '바로 그것'이라고 할 수 있습니다. 그런데 현대 영화로 올수록 종결에 대한 강박이 사라지고 있는 듯합니다. 판단을 유보하고 종결을 거부하는 많은 서사들이 증가하고 있는 것이죠. 그럼 다시 질문해 볼까요? 종결은 꼭 필요한 것인가요? 종결이 없다면 그 이야기는 끝없는 이야기가 되는 것일까요?

서사는 소설, 영화, 연극, 애니메이션과 같은 매체를 막론하고 '생각을 위한 장치'라고 할 수 있습니다. 아무리 유희적인

[동영상6] 〈록 스탁 앤 투 스모킹 배럴즈〉의 결말
패스워드: amormundi

서사라도 생각과 판단을 불러일으킵니다. 서사가 진행되는 동안 떠오르는 많은 질문들이 존재합니다. 그 영화의 결말보다 그 과정이 더 중요하게 생각되는 영화들도 아주 많습니다.

기억나지 않는 결말이라면 영화에서 결말이 그렇게 중요한 것일까요? 이 질문은 서사라는 것에 대한 근본적인 질문이라고 할 수 있습니다. 이탈리아 네오리얼리즘 영화들은 '영화라는 것은 삶의 단면을 잘라 보여주는 것'이라고 주장하기도 합니다. 그래서 결말이 있는 문학작품을 영화화하는 것에 반대했습니다. 여기서 말하고자 하는 것은 서사학의 이론적 검토가 아닙니다. 대두되는 것은 관객의 힘, 즉 해석의 문제가 점차 중요해진다는 것을 말하고 싶어서입니다.

4) 목소리(Voice)

영화는 이미지와 사운드가 공존하기 때문에 사운드의 문제는 영화에서 이미지만큼이나 중요한 부분입니다. 영화에서 사운드는 대사, 음악, 음향효과의 세 종류가 있습니다. 음악이나 음향효과는 스토리텔링을 도와주긴 하지만 아직 그 관계에 대한 논의는 활발하지 않은 편입니다. 그러나 대사나 독백과 같은 영화 속 사운드는 스토리텔링에 직접적으로 관련이 깊습니다. 등장인물의 말과 행동 중 말에 해당하는 것이기 때문이지요. 또한 그것이 '누구의 목소리인가' 하는 문제는 소리가 없는 소설에서라면 '시점'에 해당하는 것이라고 할 수 있습니다. 사운드 논의에서는 '청점'이라고 합니다.

대사나 독백은 인물의 성격화나 사건 진술의 매체이면서 작가나 감독의 입장이나 관점을 표현할 수 있는 직접적인 방식입니다. 목소리에 관한 여러 주제들 중에 화자(화면 밖 해설과 내적 독백)와 내포저자(작가, 감독)를 중심으로 다루겠습니다. 등장인물을 연기하는 배우의 목소리 크기나 질감, 어감, 발성과 같은 것은 배우와 연기 분야에서 따로 논의되어야 합니다. 그리고 사운드 자체에 대한 내용은 이 총서의 다른 책에서 다루고 있습니다.

영화 스토리텔링에 있어 목소리로 표현될 수 있는 것은 말과 생각입니다. 신체 언어를 제외하고 목소리를 가진 영화 속의 말은 직접화법에 속하는 대사와 독백, 그리고 남의 말을 전하는 방식인 간접화법이 있습니다. 그리고 생각의 전달도 직접사고와 간접사고의 방식이 있겠죠. 등장인물이 자기 목소리로 자신의 생각을 직접 입 밖에 내어 말로 표현하기도 하고 그 생각을 입 밖으로 발화하지는 않지만 마음속 소리로 관객에게 알려주기도 합니다. 표정이나 뉘앙스로 전달되는 것이 아니라 말소리로 표현되는 것입니다. 정확히 말하면 등장인물이 관객에게 마음속 소리를 알려주려 한다기보다는 그가 하는 말이나 생각을 관객들이 듣는 것이죠. 관객의 귀는 늘 열려 있습니다.

소설에서는 자기 속마음이나 생각을 말하는 것을 '내적 독백'이라고 합니다. 소설의 내적 독백을 독자는 문자로 보겠지만, 영화에서 내적 독백은 어떤 경우에라도 목소리로 표현되어야 합니다. 영화의 관객은 독심술을 하는 것이 아니니까요. 연극에서는 입 밖에 내어 혼잣말처럼 하겠죠. 아무리 다른 등장인물이 듣지 못하는 내적 독백이라도 관객들은 들을 수 있어야겠죠. 어떤 장치가 있지 않고서는 배우는 내적 독백을 하는 경우 입을 움직여야 할 겁니다. 연극에서 관객들만 들을 수 있는 대사를 '방백'이라고 합니다. 그러나 영화에서는 입을 움직이지 않아도 내적 독백이 가능합니다. 심지어 다른 등장인물과 마주보고 있어도 자신만의 생각을 입 밖으로 소리 내지 않고 관객에게 전달할 수 있습니다. 우리의 실생활도 그렇습니다. 상대방을 속으로 욕하면서도 (목소리가 들리지만) 얼굴은 아무 말 안하면서 미소 지을 수 있습니다. 심지어 동시에 다른 생각을 표현할 수도 있습니다. 만화처럼 말풍선을 사용하거나 자막으로 다른 생각을 전달할 수도 있습니다. 실험적이거나 극단적으로 외국어 영화의 언어를 이중 언어로 설정해서 한 번에 두 가지 소리로 들리게 만들 수도 있을 거예요. 영화에서는 이처럼 그림과 소리가 따로 놀 수 있습니다. 겹칠 수도 있죠. 그래서 영화 스토리텔링에 있어서 내레이션(서술)의 설명은 꽤 복잡합니다.

(1) 목소리의 주인, 화자(내레이터, narrator)

화자(話者)는 스토리를 전하는 특수한 에이전트(agent)입니다. 화자는 스토리상의 등장인물일 수도 있고 그렇지 않을 수도 있습니다. 화면에 나타나지 않는 익명의 해설자처럼, 영화는 등장인물이 아닌 화자를 사용할 수도 있습니다. 설명을 하다 보니 영화에서는 못하는 것이 없는 것 같습니다.

보드웰은 등장인물 내레이터와 비등장인물 내레이터를 구분합니다. 등장인물 내레이터는 반드시 자신이 보고 들은 것에 대해 제한적인 내레이션만 하는 것은 아니며, 자신이 보지 못했던 사건에 대해 말할 수도 있습니다. 또 비등장인물 내레이터라 해서 반드시 전지적일 필요도 없습니다. 아니면

단 한 명의 등장인물의 정보만으로 자신의 목소리를 제한할 수도 있습니다. 등장인물 내레이터는 자신의 내면세계를 상세히 말함으로써 대단히 주관적일 수 있고, 혹은 자신의 얘기를 철저히 외부적 사건에 국한시킴으로써 객관적일 수도 있어요. 마찬가지로 비등장인물 내레이터도 많은 정보를 줌으로써 관객이 주관적인 깊이로 접근할 수 있도록 할 수 있으며 반대로 단순히 표면적인 사건들에 충실하게 말해 객관적인 접근에 머물 수도 있습니다.* 가령, 늑대에 관한 다큐멘터리를 배우 이병헌의 목소리로 설명한다고 가정해보면 금방 알 수 있습니다. 배우 이병헌은 목소리로만 등장하지 화면 안에 나오지 않습니다. 늑대에 대해 전지전능하게 다 알지 않지만 많은 객관적인 정보를 전달할 수 있습니다. 주관이나 객관은 내레이터가 등장인물이냐 아니냐에 의해 좌우되지 않습니다.

그런데 누군가의 목소리나 시선으로 서술되는 장면들로 스토리가 구축되어 간다 해도 한 편의 영화에는 특정 화자의 설명이나 주인 없는 목소리들이 많습니다. 시선의 주인이 누구인지 제시되지 않거나 시선이 존재하긴 하지만 누구의 시선인지 명확하지 않은 장면들로 가득합니다. 비인칭의 목소리, 비인칭의 청점이 있다는 것입니다.

---

* 데이비드 보드웰·크리스티 톰슨, 『필름아트』, 아리랑글방, 1992, 105쪽 참조.

특히 영화는 시점이 흔들리면 혼란에 빠지는 소설과 달리 끊임없는 시선의 릴레이로 이루어집니다. 주인공의 시선이기도 하고 상대방의 시선이기도 하고 심지어 괴물의 시선이기도 합니다. 이는 영화가 가공된 시공간이 아니라 우리가 사는 실제 현실을 배경으로 하고 그것을 화면에 담는다는 사실에서 비롯됩니다. 그런 현실을 배경으로 한 너무나도 진짜 같은, 그런 인물들이 실제로 살고 있을 것 같은, 아주 그럴듯한 허구의 이야기가 영화이기 때문입니다. 만들어진 세트에서 찍은 표현주의 영화나 가상의 공간에서 벌어지는 SF영화라 하더라도 실제의 살아 있는 배우들이 움직이고 물리적으로 실체가 있는 공간에서 일어나고 촬영됩니다. 그렇지 않다면 애니메이션이라고 해야 합니다. 영화의 시공간은 컴퓨터 그래픽으로 구축되는 게임이나 애니메이션의 완벽하게 만들어진 시공간이 아닙니다.

영화가 가진 이러한 성질을 조금 낯선 표현으로 '핍진성(verisimliltude)'이라고 합니다. 현실 같은 그럴듯함, 있을법함, 정말 같음, 솔기 없음과 같은 단어로 번역됩니다. 논란의 여지가 엄청나지만 영화의 지연주의, 심지어 리얼리즘이라고 설명하는 책도 있습니다. 우리의 현실이 누군가에 의해 이야기로서 말해질 수는 있지만 그게 전부가 아니잖아요? 그런 이유로 허구 서사인 영화가 축적된 소설의 내레이션 이론으로 설명하기 복잡한 서술의 방식을 갖는 것입니다. 그래도

[동영상7] 〈사랑방 손님과 어머니〉의 옥희 목소리
패스워드: amormundi

아직은 그 이론들에 기대어 설명할 수밖에 없네요.

신상옥 감독의 〈사랑방 손님과 어머니〉를 예로 들어 보겠습니다. 영화가 시작되면 어린 여자아이의 목소리로 등장인물과 배경이 소개됩니다. 자신을 여섯 살 난 처녀애라고 소개하는 옥희가 목소리의 주인공이고 곧이어 모습을 드러냅니다. 옥희는 사건을 이끌어가는 목소리이자 많은 장면에서 시선의 주인입니다. 그렇지만 옥희의 시선이 아닌 시선 주인이 없는 비인칭 시선 장면들과 누구의 목소리라고도 할 수 없는 비인칭의 목소리들이 넘칩니다. 물론 옥희의 목소리와 시선은 중요한 장면에 등장하면서 이야기를 이끌어갑니다. 옥희의 행동이나 말이 카메라의 눈으로 포착되는 장면도 아주 많죠. 이때 옥희는 그 시선의 주인이 아니라 대상입니다.

소설로 치자면 3인칭 관찰자 시점과 전지적 작가 시점을 왔다 갔다 하는 듯합니다. 영화의 목소리나 시선은 이처럼 어떤 때는 전지적이기도 하고 어떤 때는 아니기도 합니다. 그러니까 모든 영화의 내레이션은 전지적인 내레이션과 제한적인 내레이션 사이 어딘가에서 진동한다고 이해하면 될 것 같습니다.

☞ **강대진의 〈마부〉와 1960년 광화문의 겨울**

픽진성과는 조금 다른 이야기지만, 현실의 모습을 담는 영화의 기록적 특성은 풍요로운 민족지(ethnography)로서의 기능도 하게 합니다. 민족지는 인류학의 용어로 특정한 민족이나 사람들에 대한 기술적 설명을 의미합니다. 다큐멘터리의 민족지 영화라는 영역도 있지만 로케이션을 하는 극영화에도 민족지적 성격은 풍부합니다. 영화는 움직이는 사진이기 때문이지요.

1961년에 개봉한 강대진 감독의 〈마부〉라는 영화가 있습니다. 이 영화는 극영화지만 당시 서울의 후암동과 약수동에서 촬영을 했고 영화의 마지막 장면에는 눈 덮인 광화문의 모습이 그대로 담겨 있습니다. 감독이 의도한 것은 아니지만 1960년 광화문의 겨울이라는 시공간을 우리가 그대로 볼 수 있습니다. 그런 의미에서 영화는 타임머신이라고 할 만합니다.

[동영상8] 강대진 감독의 〈마부〉
패스워드: amormundi

(2) 전지적 내레이션과 제한적 내레이션

그러면 전지적 내레이션과 제한적 내레이션은 어떤 차이가 있을까요? 사실 이 둘은 스펙트럼의 양 끝에 있다고 보는 것이 타당할 것 같아요. 왜냐하면 완벽한 전지적 내레이션이나 완벽한 제한적 내레이션만으로 영화가 진행되기란 불가능한 일이기 때문입니다.

전지적 내레이션(omniscient narration)은 소설의 3인칭 전지적 작가시점에 해당하는 목소리라고 할 수 있습니다. 전지적 내레이션은 스토리 정보를 인물보다 관객이 더 많이 알고 있습니다. 그만큼 많은 정보가 주어집니다. 역사적 상황, 인물에 대한 여러 정보들, 인물들 간의 관계 같은 등장인물은 모를 수 있는 내용들을 비롯하여 등장인물 각각의 심리 상태, 생각이나 부여된 성격, 개별적인 취향까지도 관객이 알게 해주죠. 물론 처음부터 끝까지 관객에게 모든 정보를 다 알려준다고 보장할 수는 없지만 이야기를 전개하는 데 필요한 만큼 충분히 줍니다. 정보의 수급을 조절하는 것은 스토리텔링의 고유 기능이니까요. 전지적 내레이션의 예는 '동물의 왕국'이나 '인간극장' 같은 다큐멘터리의 화자들에서 찾아볼 수 있습니다. 화면에 등장하지는 않지만 모든 상황을 알고 설명해주는 익명의 화자가 존재하는 것입니다. 영화는 아니지만 '인간극장'의 이금희 아나운서의 목소리가 전지적 내레이션의 예입니다. 〈아멜리에〉에는 누군지 알 수 없는 전지적 화

[동영상9] 〈아멜리에〉의 복합적인 목소리
패스워드: amormundi

자가 있고 아멜리에 자신도 1인칭 주인공 화자입니다. 복합적인 목소리라고 할 수 있습니다.

　제한적 내레이션(restricted narration)은 소설의 1인칭 관찰자 목소리나 1인칭 주인공 목소리로 이해해볼 수 있어요. 목소리는 시선에 비해 화자의 존재가 조금 더 잘 드러납니다. 1인칭 관찰자 목소리는 부수적인 등장인물이 화자로 등장해서 스토리를 이끌어갑니다. 관찰자의 관점에서만 사건을 전합니다. 특별한 경우가 아니면 화자가 적극적으로 사건에 개입하지 않는 경우가 많습니다. 바로 앞에서 보신 〈사랑방 손님과 어머니〉의 옥희 목소리가 대표적인 1인칭 관찰자의 목소리입니다. 여섯 살 옥희의 시선과 목소리로 관객은 사랑방 손님과 어머니 사이의 애절한 연모의 정을 짐작할 뿐입니다.

또 하나의 제한적 내레이션은 1인칭 주인공 목소리로 주인공이 화자인 경우입니다. 등장인물 화자(character narrator)라고 부릅니다. 〈사랑방 손님과 어머니〉에서 옥희 대신 화자가 사랑방 손님이나 어머니가 될 경우를 상상해 볼 수 있어요. 〈아내가 결혼했다〉에서 남자 주인공은 자신의 아내가 다른 남자와 결혼을 하겠다고 하는 기막힌 상황에 처합니다. 이때 남자 주인공은 황당한 제안을 하는 아내에게 입 밖으로 하지 못하는 이야기를 내적 독백의 형식으로 합니다. 이 영화는 1인칭 주인공 목소리, 즉 등장인물 화자를 가진 영화입니다. 이런 종류의 목소리는 등장인물 자신이 주인공이기 때문에 스스로의 심리 묘사에 탁월합니다. 제한적 내레이션이지만 화자와 주인공이 같은 인물이기 때문에 관객도 쉽게 동일시하고 친근감을 느낀다는 특징이 있습니다. 〈가위손〉도 1인칭 주인공 목소리를 가진 영화입니다. 에드워드 가위손을 사랑했던 주인공이 자신의 손녀에게 옛이야기를 해주는 것으로 시작됩니다. 하지만 영화 전체에 걸쳐 그 목소리의 인칭이 유지되지는 않습니다. 가위손이 등장하면서 서사를 이끌어가는 1인칭 주인공의 목소리는 묻혀버립니다. 그러다가 영화가 끝날 때 다시 등장해서 마무리를 합니다.

3인칭 관찰자 내레이션도 가능하겠지요? 사건의 주인공이나 당사자가 아닌 사건과 아무 관련이 없는 제3의 인물이 객

[동영상10] 〈아내가 결혼했다〉의 내레이션
[동영상11] 〈가위손〉의 내레이션
패스워드: amormundi

관적인 모습만을 말하고 보는 것입니다. 외부적인 사건만 말하는 것 같아서 객관적이라는 느낌을 받겠지만 사실 목소리라는 것은 말하고 듣는 이의 주관이 개입하는 것입니다. 구로사와 아키라 감독의 〈라쇼몽〉처럼 화자가 여러 명일 경우도 있습니다. 하나의 사건에 대해 3명의 당사자와 1명의 목격자가 있습니다. 그중에서 당사자 3명은 1인칭 주인공 목소리이고 1명의 목격자는 3인칭 관찰자 목소리라고 할 수 있습니다. 제라르 주네트는 이 장면을 내적 초점화의 예로 들기도 합니다. 후에 프랑수아 조스트는 오히려 외적 초점화의 예라고 반박하지요. 내적 초점화, 외적 초점화는 뒤에 다시 설명할게요.

윌리엄 와일러 감독의 영화 〈폭풍의 언덕〉에서 처음 이야기의 화자는 넬리딘이라는 하녀입니다. 그녀가 사건을 회상하며 초반부의 상황이나 관계들을 서술합니다. 3인칭 화자의 입장을 고수하지만 가끔 화면에 등장하기도 합니다. 그때는 자신의 감정까지도 토로하죠. 그리고 영화가 본격화되면 그녀가 알지 못하는 히스클리프와 캐시 사이의 격정적 사랑은 넬리딘의 목소리와 눈을 벗어나 3인칭의 전지적 작가시점에

[동영상12] 〈스타워즈〉
도입부 자막
패스워드: amormundi

서 서술됩니다. 더 이상 넬리딘의 목소리는 존재하지 않습니다. 그러다가 필요할 때마다 넬리딘의 목소리가 다시 등장하지요. 소설처럼 하나의 관점이나 화자로 서술이 진행된다기보다 여러 관점과 화자를 넘나드는 영화의 특징을 이해하시겠죠? 영화는 무척이나 다양한 방식으로 스토리 정보를 서술할 수 있다는 것을 이해하면 될 것 같습니다. 심지어 목소리 없이도 내레이션을 볼 수 있습니다. 유명한 〈스타워즈〉의 도입부 장면이 그것입니다. '오래전 멀고 먼 은하계에서…'로 시작되는 자막은 객관적인 스토리 정보를 관객에게 제공합니다. 화면에는 모습을 드러내지 않는 작가 혹은 감독의 목소리 없는 내레이션이라고 봐야 할까요? 그게 무엇이든 관객들은 스토리 정보를 효과적으로 받아들입니다. 이 도입부는 보이스 오버(voice-over)의 변형입니다.

그렇다면 스토리 정보의 깊이와 관련된 보이스 오버와 서술자의 신뢰도에 관한 이야기로 넘어가 볼게요. 화자가 누군가에 따라 스토리의 범위를 구분할 수 있다면 스토리에 개입하는 정도로도 내레이션의 형식을 알 수 있습니다. 스토리에 개입하는 정도라는 것은 달리 표현하면 관객에게 얼마나 많은 양의 정보가 주어지는가 하는 것이죠. 그 과정에서 앞서 살펴 본 서스펜스와 서프라이즈가 만들어지기도 하고요.

많은 사람들이 보이스 오버와 오프-스크린 보이스가 다른 것인가 궁금해 합니다. 둘 다 말하는 사람이 화면에 보이지 않으니 헷갈리기도 합니다. 화면 속의 인물만이 말을 한다면 전혀 혼란스러울 것이 없지만, 영화는 누군지 정말 알 수 없는 사람에 의해 비인칭으로 서술되기도 합니다.

(3) 보이스 오버(Voice-over)

무형의 목소리가 스토리 사건을 전달하는 이미지와 동시에 제시되는 것을 보이스 오버라고 합니다. 말하는 사람이 화면에 보이지 않는 해설이라고 이해하시면 됩니다. '인간극장'이나 '동물의 왕국'의 목소리, 〈친절한 금자씨〉의 냉정한 듯 묘한 매력이 있는 여성의 보이스 오버 내레이션이 떠오릅니다. 여기서 화자는 관객보다 월등하게 많은 양의 정보를 가지고 있습니다. 모든 것을 다 알고 있는 듯한 전지적 시점의 내레이션이라고 할 수 있어요.

다큐멘터리에서 많이 들을 수 있는 말하는 사람의 모습이 화면 안에 없는 전지적 시점의 내레이션('병원 24시'나 '인간극장'), 누군가의 목소리로 등장인물의 생각을 엿듣는 것(문

[동영상13] 〈친절한 금자씨〉 보이스오버
패스워드: amormundi

밖에서 안을 엿듣는 사람을 보여주면서 소리는 보이지 않는 사람들끼리 하고 있는 대화), 쓴 사람의 목소리로 낭독되는 편지 글을 듣는 것(이것은 등장인물의 상상 속의 목소리입니다) 등이 보이스 오버 내레이션입니다.

외화면 목소리(off-screen voice)와는 다릅니다. 외화면 목소리는 단순한 카메라 프레임 밖의 목소리죠. 카메라를 움직이면 화자가 포착될 수 있을 듯합니다. 같은 공간에 있지만 말하는 사람이 단지 화면 안에 있지 않은 거죠. 오프 스크린 보이스가 온 스크린 보이스(내화면 목소리, on-screen voice)가 되는 경우는 빈번합니다. 둘이 대화하는 장면을 떠올려보세요. 한 사람이 화면 밖을 쳐다보며 말하지만 상대는 보이지 않고 대답 소리만 들린다면 오프 스크린 보이스입니다.

그러다가 카메라가 움직여서 대답하고 있는 상대를 보여준다면 온 스크린 보이스가 되는 것입니다. 사건이 벌어지는 공간 안에는 있지만 말하는 사람이 프레임 밖에 있는 것이니까 보이스 오버하고는 다른 것입니다. 그래서 어떤 책에서는 보이스 오버란 주어진 스토리 정보의 깊이와 관련한 거리(distance) 중의 하나라고 설명합니다.

(4) 내포 저자(implied author)

그러면 어떤 하나의 서사를 통해 자신의 주제나 메시지를 전하고자 하는 자는 진짜 누구일까요? 배우나 등장인물은 아닐 것 같습니다. 폴 헤르나디는 "당신이 지금 보고 있는 사람이 서술자라 생각하되 그를 실체라 생각지 말라. 그는 단순하게 서술 기능이 의인화된 것이거나 개인적 특질이 극도로 축소된 가상적 인간에 불과하다."*라고 말하기도 합니다.

관객은 어떤 방식과 과정으로 이야기가 만들어지는지 알고자 할 때 서사 속에서 일종의 감수성을 지닌 한 사람의 실체를 찾으려고 노력합니다. 그리고 영화를 보고서 자신의 인식을 바탕으로 서사를 해석하려고 합니다. 이것이 바로 관객이 플롯화된 전체 스토리를 재구축하여 이야기의 주제나 작가의 메시지를 수용하는 과정입니다. 수용만 하는 것이 아니라 해

* H. 포터 애벗, 『서사학 강의』, 우찬제 외 역, 문학과지성사, 2010, 145쪽.

석도 합니다. 이때 서사 속의 하나의 실체, 즉 고유한 감수성의 소유자인 그가 바로 '내포 저자' 혹은 '내포 작가'입니다.

그런데 잠시 생각해보면, 내포 저자와 저자는 다른가? 저자와는 어떤 차이가 있나? 하는 의문이 강하게 듭니다. 애벗은 두 가지 차이점을 이야기합니다. 하나는 실제 저자와 내포 저자의 차이, 다른 하나는 집단화해가는 저자 집단의 문제를 지적합니다. 실제 자연인으로서의 저자는 자신이 만든 서사 속의 여러 견해와 무관한 열린 태도를 취할 수도 있고 자신의 작품의 주제를 적대시할 수도 있습니다. 즉, 자신이 말한 주제와 상반되는 생각을 가진 사람일 수 있다는 것입니다. 작품을 통해 실제 저자를 충분히 이해하는 것은 사실 가능하지가 않다는 것이지요. 오히려 서사 속에 내포되어 있는 저자를 이해하는 것은 가능합니다.

집단화해가는 저자 집단이라는 것은 최근의 추세를 반영합니다. 저자가 한 사람이 아니라 여러 명인 경우가 점차 증가하고 있습니다. 영화 시나리오 작가들의 집단 작업이 일반화되는 경향이죠. 그리고 한 사람의 작가가 쓴 원작이 있다 해도 원작에 대한 충실성보다 변형성이 강조되는 각색의 비중이 높아져가는 상황에서 여러 각색자들의 개입은 한 편의 영화가 한 명의 작가의 생각이나 표현이라는 전통적인 통념을 더 이상 주장하기 어렵게 합니다. 여러 저자가 있다 해도 내포 작가는 하나입니다.

이론가들의 개념도 분분합니다. 영화이론가 라페이는 '그랜드 이마지어(grand imagier)', '그랜드 디자이너(grand designer)' 같은 용어를 사용해서 관객이 보는 '영상의 배후에 존재하고 있지만 모습을 드러내지 않는 특정한 지적 존재'에 관해 언급합니다. 움베르토 에코는 '텍스트의 의도'라는 개념을 사용하기도 합니다. 인지주의자인 보드웰은 내포 저자라는 말에 동의하지 않으면서 서사 텍스트란 '스토리의 구축을 위해 한 무리의 신호들을 조직적으로 모아놓은 것'이라고 일축하기도 합니다.

그러나 서사물에는 '의도'가 존재하고, 한 편의 영화는 우발적이거나 우연하게 만들어지지는 않습니다. 그래서 영화 스토리텔링에 있어 내포 작가라는 개념은 꽤 유효하다는 생각이 듭니다. 하나의 서사가 최종적으로 말하고자 하는 바를 말하는 사람이 내포 저자, 내포 작가인 것입니다.

(5) 서술자의 신뢰도

그러면 우리는 화자가 말하는 것을 얼마나 믿을 수 있을까요? 화자를 통해 알게 되는 정보는 얼마나 정확할까요? 말더듬이, 미치광이, 어린아이, 거짓말쟁이, 질투에 눈먼 여인, 사악한 친척들의 입을 통해 하는 말을 얼마나 믿을 수 있을까요? 어쩌면 그들의 목소리를 통한 서술 자체가 주제의 일부가 될 수도 있습니다. 서술자가 여럿이어도 내포 작가는 하

[그림7] 〈라쇼몽〉의 산적, 사무라이 아내, 그리고 나무꾼

나라는 말이지요. 영화 〈라쇼몽〉이 그에 대한 적절한 예라고
생각됩니다.

  구로사와 아키라 감독의 〈라쇼몽〉은 범죄 사건에 대한 서
술입니다. 숲속에서 사무라이의 시체가 발견되고 3명의 당사
자와 1명의 목격자가 서로 다른 이야기를 펼칩니다. 죽은 사
무라이의 영혼과 사무라이의 아내, 산적의 이야기가 제각각
다릅니다. 목격자인 나무꾼의 이야기도 3명의 진술과 다릅니
다. 관객에게 명쾌한 결말을 보여주지는 않지만 이 영화는
진실이 무엇인가, 그것은 누구의 진실인가에 대한 진지한 질
문을 던집니다. 구로사와 감독은 무엇이 진실인가 하는 인터
뷰 질문에 "모두 다 이기도 하고 아무것도 아니기도 하다"는
대답을 했습니다. 이 영화의 내포 작가가 말하고자 하는 것
은 저마다 다른 진실을 추구하는 이기적인 인간 군상들의 모
습을 보여주는 것이었다고 생각합니다. 이 영화에서 사실 무
엇이 진실인가가 주제는 아닌 것입니다. 그런데 우리는 서로
다른 진실을 보여주는 이 명작에서 서술자의 신뢰도에 대해

생각해 볼 수 있습니다. 누구의 말을 믿어야 할까요? 내포 저자의 대리자로서 내레이터의 입을 통해 듣는 이야기라도 우리가 그것을 다 믿을 이유는 없습니다. 분별력 있고 믿을 수 있는 것 같은 내레이터라도 결국 신뢰할 수 없는 경우가 너무 많습니다.

〈디 아더스〉나 〈식스센스〉같은 영화에는 자신이 누구인지 모르는 주인공들이 등장합니다. 두 영화의 주인공들은 자신이 죽은 사람이라는 인식을 하지 못합니다. 관객들도 그들에게 동일시되다 보니 영화의 결말에 이르기까지 그 사실을 알지 못합니다. 자기 자신까지 속인 등장인물이라고 할 수 있겠죠. 여기서 이야기 전체를 알고 있는 내포 저자와 자신이 유령인지도 모르고 이야기를 끌어가는 화자는 다른 존재임이 분명합니다. 관객들은 화자를 신뢰했다가 결국에는 배신을 당하는 것이지요. 믿고 보는(?) 배우인 니콜 키드먼, 브루스 윌리스라 더 놀라웠을 수도 있습니다. 역대급 반전은 그래서 생기는 것일 테고요. (서술자의 신뢰도에 관한 또 다른 차원의 얘기일 수 있겠네요. 배우의 카리스마가 주는 신뢰도니까요) 그렇지만 등장인물 자신도 스스로 배신을 당한 셈이니 관객들에겐 공포와 두려움이 순식간에 연민과 슬픔으로 바뀝니다. 호러 영화가 새드 무비가 되는 순간인 것이죠.

이처럼 내레이터의 신뢰도 문제는 관객의 오인 혹은 화자의 배신처럼 스토리 정보를 교란시키면서 반전을 만들기도 합니다. 그리고 주제에 대한 관객의 해석과 판단을 추동시키는 방법이기도 하죠.

5) 시점(point of view)

영화사 초기부터 영화의 시점은 이론가들의 관심과 논쟁의 대상이었습니다. 그리고 다양한 이론들이 등장했습니다. 아직도 명쾌하게 누구나 동의하는 이론은 없습니다. 영화에서 시점은 시선과 관점을 포함하는 포괄적인 단어이기 때문에 더욱 복잡해졌습니다.

(1) 시선의 릴레이

영화에는 세 가지 시선이 존재합니다. 등장인물의 시선, 관객의 시선, 카메라의 시선이 그것입니다. 그래서 한 편의 영화에서 시선은 일관성(관점이라는 의미를 벗어나)을 유지하는 것이 어렵습니다. 왜냐하면 영화는 이 세 가지 시선의 릴레이로 이루어진 매체이기 때문입니다. 등장인물의 시선만 하더라도 화자의 시선, 비인칭 시점의 주인 없는 시선,* 범인이나 강아지나 괴물의 시선도 있습니다. 그리고 관

---

* 이러한 장면들은 지젝식으로 표현하면 '특정한 주체에 연결되어 있는 사슬에서 자유롭게 풀려난 객체로서의 시선'이라고 합니다. 슬라보예 지젝, 『신체 없는 기관: 들뢰즈와 결과들』 김지훈 외 역, b, 2006년, 290쪽 참조.

객은 그런 다양한 시선들이 넘나드는 것을 카메라의 눈을
통해 보면서 등장인물과 동일시합니다. 이것은 시선에 있어
하나의 데쿠파주(découpage)**입니다. 어떤 때는 주인공의
시선, 다음 순간에는 상대방의 시선, 그러다가 누구의 시선
인지 알 수 없는 객관적 시선으로 빠르게 연속적으로 시선
갈아타기를 하는 것이죠. 그리고 그 시선의 릴레이는 의식
적으로 노력하지 않는 한 쉽게 보이지 않습니다. 카메라의
움직임이나 편집을 통해 그리고 다양한 시선들을 주고받으
며 알아차릴 사이 없이 교묘하고 신속하게 흘러가니까요.
그래서 다른 어떤 매체보다 영화의 몰입감과 재미가 월등한
것이지요. 단절적인 쇼트들을 꿰맨 자국 없이 매끈하게 이

** 데쿠파주는 관객이 편집에 의해 생기는 단절을 인식하지 못하게 함으로써 줄거리
가 연속적으로 진행되도록 보장하는 기법입니다.

어붙이는 것입니다.

　나이트 샤말란 감독의 〈식스센스〉의 한 장면을 예로 들어 보죠. 크로우 박사가 귀신을 보는 아이 콜을 처음 찾아가는 장면입니다. 벤치에 앉아 있던 박사의 시선으로 문을 열고 나오는 콜이 보입니다. 콜은 박사를 보자 도망치듯이 걸어갑니다. 길의 저편에서 박사가 콜을 따라갑니다. 이때 시점은 박사의 시점과 누군지 알 수 없는 비인칭의 전지적 시점을 오갑니다. 콜의 시선인 듯한 쇼트들도 간혹 있습니다. 이런 쇼트들을 중성적 쇼트, 객관적 쇼트라고 부르기도 합니다. 응시자가 보이지 않거든요. 전지적 시점 쇼트라도 한 번은 박사 쪽에서 한 번은 180도 관심선을 넘어 콜의 편에서 장면을 연결합니다. 그런 시선의 릴레이를 하는 사이 아이는 교회 안으로 들어갑니다. 교회 안에 들어선 박사의 모습을 잡는 것도 누군가의 시선이 아닙니다. 그리고 박사의 시점으로 의자 사이에 숨어 있는 콜을 봅니다. 3분 정도의 시간 동안 영화의 시점은 수십 차례 변합니다. 이러한 시선의 릴레이는 이 영화만의 특별한 기법이 아닙니다. 우리가 많이 접하는 많은 영화들이 이 방식을 따릅니다.

　더욱이 앞에서도 살펴보았던 목소리의 문제도 겹쳐 있습니다. 사실 보고 듣는 것이 동시에 이루어지는 게 우리가 현실을 인식하는 방식입니다. 라디오처럼 소리만 듣거나 전시회의 그림처럼 화면만 보는 게 아닙니다. 소리 없이 움직이는

[동영상14] 〈식스센스〉 시선의 릴레이
패스워드: amormundi

☞ 봉합이론과 영화에의 몰입

영화가 관객을 강력하게 몰입시키는 방법을 간단히 짚고 넘어갑시다.

외과수술을 하고 나면 의사는 피부를 꿰매야 합니다. 벌어진 살을 이어 붙이는 것을 봉합이라고 합니다. 영화에도 봉합이 있습니다. 비유적인 표현이지만 정확한 의미입니다. 장-피에르 우다르의 봉합이론(suture theory)이 그것입니다. 여러 가지 학문적 논의들이 많지만 여기서는 쇼트/역쇼트(shot/reverse shot)로 이루어진 대화 장면을 예로 들어볼게요. 장면을 상상해 보시기 바랍니다.

1. 카메라가 두 명의 대화자 A와 B를 보여줍니다.
2. A가 말을 합니다. 카메라는 B의 뒤쪽에서 '어깨 넘어 쇼트(over the shoulder shot)'로 말하고 있는 A를 보여줍니다.
3. B가 대답합니다. 카메라는 이번에는 반대로 A의 뒤쪽에서 어깨 넘어 쇼트로 말하는 B를 보여줍니다.
4. 이렇게 카메라가 이쪽저쪽으로 왔다 갔다 하면서(시점이 그때마다 바뀌는 것이죠) 몇 차례 편집으로 이어 붙여집니다. 뒤에 있던 어깨 넘어 쇼트 위치의 카메라는 점점 등장인물 A와 B의 위치로 접근해 갑니다.
5. 어느 순간 카메라는 A 혹은 B의 위치에 들어섭니다.

5번까지 가는 경우는 많지 않지만 설명을 위해 첨가해 봤습니다. 1-2-3-4-5의 과정이 빠르게 연결되고 그 연결이 눈에 보이지 않지만 이 과정은 관객을 완전히 영화 안으로 끌어들입니다. 어느새 영화 속 등장인물의 시선과 관객의 시선, 카메라의 시선이 일체가 되는 겁니다. 이런 식의 봉합은 영화에서 너무 자연스럽습니다. 장 뤽 고다르 감독은 이를 부르주아 카메라 스타일이라고 비판하며 대안적 카메라 스타일을 제안하기도 합니다. 하지만 이런 시선의 릴레이를 통해 몰입하게 되는 것이 영화가 주는 쾌감의 원천이기도 하다는 사실을 부정할 수는 없습니다.

무성영화도 아니고요. 영화는 인간 감각들의 기계적 확장이라고 보는 것이 온당할 것 같습니다. 어찌되었거나 한 장면 안에서 소리와 이미지가 따로따로 작동할 수 있는 것이 영화입니다. 영화의 서술자는 말도 하지만 보기도 합니다. 그러니까 시점의 문제가 복잡하고 간단히 이해하기 어렵다는 점은 의심의 여지가 없어요. 그래도 이러한 이슈들을 하나씩 들여다봐야 영화 스토리텔링에 대한 이해가 깊어집니다.

이렇게 복잡한 영화 시점의 역사는 '어떤 대상을 가능한 한 가장 잘 바라보기'의 차원에서 질적이고 미학적인 것으로 발전하는 과정을 겪었습니다. 단일 시점을 가진 단일카메라로 작업하던 시절을 지나 데쿠파주와 몽타주가 출현하고 복수의 시점이 나타나면서 영화 고유의 언어와 문법을 갖추게 됩니다.

유명한 건축물, 가령 경주 불국사의 다보탑을 구경하러 갔다고 합시다. 소위 인증샷이라는 것을 찍겠죠? 그때 우리는 다보탑의 모습을 가장 잘 보이게 찍는 지점을 찾습니다. 누구나 그러겠죠. 그런데 처음에는 다보탑의 정면을 잘 보이게 찍지만 시간이 지날수록 다른 각도와 크기로 남들과는 다른 다양한 모습을 찍을 것 같습니다. 셀카봉을 가지고 찍기도 하고, 초점을 흐리게 몽환적으로 찍을 수도 있고, 다보탑을 삐딱하게 화면에 담기도 할 것이고, 일행과 같이 찍으려고 옆에 지나가는 사람한테 찍어달라고도 하겠죠. 이처럼 다양한 다보탑 사진이 찍힙니다. 일행 중 한 친구는 키가 커서 높은 시점에서 찍기도 하고 장난기 많은 다른 친구는 온갖 우스운 표정과 몸짓을 연출하기도 할 겁니다. 시점의 발전은 이와 같았습니다. 기술적으로 복잡해지고 미학적으로 발전하게 된 것입니다.

(2) 의도된 카메라의 시점

조엘 마니는 영화의 "시점이란 시네아스트(감독 혹은 촬영감독)가 특별한 의도를 갖고 선택한 것이며, 특별한 목적을 위해 계산되고 구성된 시선의 지점"이라고 정의했습니다.* 덧붙여 시점은 어떤 특정한 각도로 대상, 풍경, 현실의 일부 등을 바라보는 것이고, 관객으로 하여금 그 특정한 각도로 동일한 것을 바라보게 하는 것이라고 설명합니다.

영화의 시점은 마니의 말대로 시점 주인의 지각과 세계관, 관심이나 이익에 따라 달라집니다. 그리고 관객으로 하여금 화자의 시점으로 사건을 바라보게 합니다. 그래서 시점 쇼트나 주관적 카메라 움직임이라는 말을 심심치 않게 듣는 것입니다. 시점은 누구의 눈으로 보는가 하는 물리적 시점과 정신적, 심리적, 정치적, 사회적, 이데올로기적 시점의 두 측면을 가지고 있다고 할 수 있습니다. 뒤의 시점은 관점이라고 말하는 것이 더 느낌이 다가오나요? 사실 본다는 것은 단지

---

* 조엘 마니, 『시점』, 이호영 역, 이화여자대학교출판부, 2007년, 31-32쪽.

인식 기관인 눈으로 본다는 행위와 그것을 어떻게 바라보느냐의 입장을 동시에 함의하는 말이지요. 이것이 완벽하게 구분되긴 쉽지 않습니다. 눈이라는 게 누군가의 눈이라 그 눈이 중립적인 경우는 사실 상상하기 쉽지 않습니다. 그래도 물리적인 시점이라고 하면, 영화 카메라의 기술적인 시점들과 국어 시간에 배우는 소설의 여러 시점이 있겠네요.

흔히 쇼트의 종류를 구분할 때 쓰는 용어들이지만 카메라의 눈높이와 연관된 영화 용어들이 있습니다. 우선 아이레벨(eye-level) 쇼트입니다. 눈높이 쇼트라고 합니다. 하이앵글 쇼트는 카메라의 눈이 피사체보다 위에서 내려다보는 것이고, 로우앵글 쇼트는 아래에서 위로 올려다보는 시선입니다. 쇼트를 설명할 때 빠지지 않는 것이 다다미 앵글이라는 것입니다. 오즈 야스지로 감독의 트레이드마크 같은 쇼트입니다. 다다미방에 앉아 있는 높이로 찍은 쇼트입니다. 많은 그의 영화의 장면들이 다다미 앵글을 고수합니다. 영화 속 배우들이 앉아서 대화하는 장면에서 그들의 눈높이에 카메라가 위치합니다. 카메라맨은 거의 30~50센티미터의 높이에서 웅크리고 영화를 촬영하는 것이죠. 이러한 물리적인 시선도 단지 시선으로서의 의미만 가지진 않습니다. 변영주 감독의 〈낮은 목소리〉는 정신대 '위안부' 할머니들의 삶을 다룬 다큐멘터리입니다. 키가 큰 변감독이 카메라를 들었는데 그의 키대로 찍는다면 작고 등이 굽은 할머니들은 하이앵글로 잡히더랍니다. 그런데 하이앵글은 상대를 얕잡아보거나 내려다보는 느낌을 줍니다. 관객은 카메라의 눈을 통해 보기 때문이죠. 그래서 허리를 굽히고 눈을 낮춰 할머니들의 눈높이에서 촬영을 했다는 유명한 일화가 있습니다.

그러니까 시선이라는 것은 그것이 아무리 단순한 물리적인 촬영이라 생각한다 해도 어떤 태도와 마음의 자세를 드러내는 것입니다. 반대로 히틀러를 찍은 나치 치하의 뉴스 필름들을 보면 로우앵글을 철저히 고수합니다. 로우앵글은 카메라에 잡히는 인물을 우러러보거나 그에게 압도당하는 기분을 들게 하기 때문이지요. 장면을 바라보는 시선의 각도가 주는 원초적인 느낌과 시각 효과라고 할 수 있습니다. 앵글이나 화면의 크기는 시점을 말할 때 기본이라고 할 수 있습니다.

이와는 다른 시점의 또 다른 측면은 분명히 심리적, 정치적, 사회적, 이데올로기적 지점에 놓여 있습니다. 관점, 태도, 사건을 바라보는 정치적 입장, 세계관 같은 것을 의미하는 시점입니다. 여성의 시점, 아이의 시점, 보수적인 관점, 진보주의자의 태도, 온건주의자의 입장, 기독교적인 시선, 분석적인 사회주의자의 시각 같은 것들이 이 시점이라고 할 수 있습니다. 이해관계에 따라 달라지기도 합니다. 이라크 전쟁을 다루는 아랍의 알자지라 방송과 미국의 CNN방송의 다른 관점 같은 것일 겁니다. 정신대 '위안부' 문제를 대하는 일본 극우 보수주의자들의 입장과 한국 시민단체의 입장에 따라 영화를 만든다고 하면 완연하게 시점이 다른 영화가 나오겠지요. 조스트는 이를 '인식적 시점'이라고 말하기도 해요.

영국의 켄 로치 감독은 좌파적인 시점을 견지하는 사회성 짙은 영화들을 만들어 왔습니다. 〈레이닝 스톤〉, 〈랜드 앤 프리덤〉, 〈빵과 장미〉, 〈보리밭을 흔드는 바람〉, 〈자유로운 세계〉, 〈나, 다니엘 블레이크〉 등의 필모그라피에서 알 수 있듯이 그의 영화 속 인물들은 대개 노동계급의 인물들이고 그들의 삶의 고난과 애환, 연대를 그려내지요. 영화를 통해 자신

☞ **관객을 응시하는 시선**

카메라의 눈은 대개의 경우 관객의 눈과 동일시됩니다. 그러나 등장인물의 시선이 관객 혹은 카메라의 시선과 분리되어 정면을 응시하는 시선을 보이기도 합니다. 이는 관객을 향한 시선이라고 할 수 있습니다. 프랑수아 트뤼포 감독의 〈400번의 구타〉 마지막 장면에서 앙트완이 카메라를 마치 관객에게 질문을 던지는 듯 응시하면서 화면이 정지하고 영화는 끝납니다.

[그림8] 〈400번의 구타〉 마지막 장면

의 신념과 이데올로기를 관철하는 일관된 관점을 가진 대표적인 영화감독이에요. 그의 영화는 흥행과 재미를 위한 할리우드 영화들과는 분명히 다른 입장과 관점을 가졌다고 말 할 수 있습니다.

(3) 영화의 초점화

1인칭 관찰자 시점, 1인칭 주인공 시점, 3인칭 관찰자 시점, 전지적 작가 시점 같은 소설의 시점 이론은 자유롭게 복합적인 시점들을 넘나드는 현대 영화를 다 설명하지 못합니다. 영화는 편집과 프레임이라는 영화 문법의 발달로 시간과 공간을 자유롭게 해방시켰습니다. 그에 따라 시점의 문제도 더불어 해방되었다고 볼 수 있습니다.

초점화(focalization)는 논란이 많은 시점이라는 용어를 대체하려는 문학이론가들의 시도에서 나온 말입니다. 초점화는 우리가 서사 속의 인물과 사건을 렌즈를 통해 바라보는 것을 의미합니다. 사실 시점이라는 말이 우리에겐 더 익숙합니다. 문학에서는 서술자가 초점자인 경우가 대부분입니다. 독자는 서술자의 목소리를 듣는 순간 그의 시선을 통해 모든 것을 보기 때문이죠. 그러나 영화는 그렇지 않은 경우가 많습니다. 영화에는 목소리와 상관없는 이미지들이 너무나 많고, 누군가의 시선을 통하지 않고 보이는 장면들이 정말 많습니다.

일반적으로 문학의 초점화는 선택된 관찰자의 감각(사고

와 정서)의 흔적을 포함합니다. 하지만 카메라의 눈은 관객을 대신해서 스크린 위의 초점자 역할을 수행하긴 하지만 그 눈이 서술자의 것은 아닙니다.

카메라의 눈은 대개 인간적 감성이 결여된 냉정한 태도를 보여줍니다. 그렇지만 영화는 등장인물의 시선에 맞춰져 있는 쇼트들을 사용함으로써 그/그녀의 시점을 손쉽게 자기 것으로 만들 수 있습니다. 쇼트/역쇼트(shot/reverse shot)에 대한 설명을 기억하세요. 비인칭 시점의 주인 없는 장면들과 시선의 릴레이도 떠올려보세요. 카메라 눈은 등장인물의 시점으로 술에 취하거나, 비틀거리거나, 의식을 잃을 수도 있습니다. 마치 빙의하듯이 말이에요. 미케 발은 이것을 영화에서의 '등장인물에 근거한 초점화'라고 이름 붙였습니다.* 카메라의 눈이 냉정하다는 것은 영화에는 소설의 서술자와 같은 의식을 보여주는 초점자가 없다는 의미로 받아들여지기도 합니다.

에드워드 브래니건은 모든 영화 속에는 항상 '배후에 (틀을 설정하지만 자기 자신은 틀에 들어가지 않는) 전지적 서술의 층위와 (관찰하지만 자기 자신은 관찰당하지 않는) 관음증적 수용의 태도가 존재하며, 이들은 함께 다른 층위의 서술이 존재하는 것과 같은 허구적 외양을 만들어낸다'고 주

---

* H.포터 애벗, 앞의 책, 236-237쪽.

장합니다. 결국 내포 작가와 관객 사이에 어떤 모종의 관계를 매개하는 것이 카메라의 눈이라고 말하는 것 같습니다.

학자들이 시점에 대해 무엇이라고 말했는지 잠깐 살펴보겠습니다. 예전에는 서사 이론이 소설을 설명하는 이론이었어요. 그런데 영화라는 이전에는 보지 못한 소리와 이미지를 동시에 가진 강력한 이야기 형식이 등장하자 많은 학자들은 영화 서사로 연구와 관심의 대상을 확장했습니다. 영화기호학이라는 영역도 생겨났습니다. 그런 이유로 문학이론가들이 영화서사에 관한 주요한 초기 연구자들이었어요. 제라르 주네트는 초점화라는 말을 처음 쓴 사람입니다. 그는 시점이라는 논란이 많은 용어보다 초점화라는 신조어를 등장시킵니다. 그가 생각하기에 시점이라는 말은 지나치게 시각적 의미가 강했기 때문입니다. 그는 무초점화, 내적 초점화, 외적 초점화를 구분합니다. 무초점화는 전지적 시점에, 내적 초점화는 1인칭 시점에, 외적 초점화는 관찰자 시점에 해당한다고 이해하시면 될 것 같습니다. 화자와 등장인물이 가지는 정보의 양은 부등호로 표현됩니다. 무초점화는 전지적 시점처럼 화자가 등장인물의 배후에서 더 많은 것을 알고 있습니다. 내적 초점화는 1인칭 시점으로 화자와 등장인물이 시야를 공유합니다. 외적 초점화는 화자는 관찰자일 뿐이어서 등장인물보다 사건에 대해 덜 알고 있습니다.

◎ 무초점화(배후의 시야)　　화자 〉 등장인물

◎ 내적 초점화(함께의 시야)　화자 = 등장인물

◎ 외적 초점화(외부의 시야)　화자 〈 등장인물

프랑수아 조스트는 주네트가 보는 것과 아는 것을 동일시
한다는 점을 지적하면서 초점화(인식적 시점)를 시각적 시
점과 구분해야 한다고 주장합니다. 우리가 앞서 말한 시점과
관점을 애매하게 구분한 그 이야기라고 보시면 됩니다.

시각적 시점과 인식적 시점을 구분하여 각기 다른 이름을 붙여주는
것이 필요하다. 시각화는 카메라가 보여주는 것과 인물이 본다고 간
주되는 것 사이의 관계를 의미한다. 반면, 초점화는 서술이 채택한
인식적 시점을 계속 가리킨다.*

이후, 조스트는 앙드레 고드르와 함께 시각화와 청각화에
대한 후속 연구를 진행합니다. 시각화는 1차 내적 시각화, 2
차 내적 시각화, 무시각화로, 청각화를 1차 내적 청각화, 2차
내적 청각화, 무청각화로 세분화해 규명하고자 합니다.** 시
점에 관한 학문적 연구들은 아직도 진행 중입니다. 논의를
따라 가다보니 꽤 깊숙이 왔네요.

마니는 쇼트와 관객, 등장인물 사이의 초점화를 중성적,

---

* 서정남, 『영화서사학』, 생각의나무, 2004년, 311쪽 재인용.
** 이에 관한 자세한 이론적 논의는 서정남의 앞의 책 7장을 참고하세요.

[동영상15] 〈포레스트 검프〉 시점
패스워드: amormundi

객관적 쇼트(보이지 않는 응시자), 주관적 쇼트(누군가의 시선), 반주관적 쇼트(동반적 시선)의 세 가지로 나누기도 합니다.* 중성적, 객관적 쇼트가 무초점화, 주관적 쇼트가 내적 초점화, 반주관적 쇼트가 대략 외적 초점화를 의미하는 것 같습니다.

로버트 저메키스 감독의 〈포레스트 검프〉는 전형적인 내적 초점화의 영화입니다. 화자는 주인공 포레스트입니다. 대부분의 시선들은 포레스트의 시선입니다. 하지만 제니가 자살을 시도하는 장면은 포레스트의 내적 초점화 장면이 아닙니다. 오히려 무초점화 장면이라고 할 수 있습니다. 이처럼 한편의 영화 안에서도 초점화는 유동적입니다.

---

* 마니, 앞의 책, 91-99쪽 참조.

4. 배경

서사가 벌어지는 시간과 공간을 영화의 배경이라고 할 수 있습니다. 굳이 시간과 공간의 선후를 따지자면, 시간보다 공간이 먼저입니다. 대개 영화가 시작되면 공간을 보여주면서 자막이 등장합니다. 자막이나 때로는 내레이션으로 시간과 공간이 동시에 제시되기도 하지만 영화는 이미지로 이루어지기 때문에 많은 학자들은 공간이 먼저라는 점에 동의합니다. 사실, 영화에서 시간과 공간을 구분하기는 쉽지 않습니다. 그래서 시공간이라는 말을 사용하지요. 시간 여행 영화에서도 시간의 변화는 공간의 변화를 수반합니다.

물리학자 아인슈타인의 상대성 이론도 시간과 공간이 불가분하다는 원칙에 입각해 있죠. 우리의 관심사가 물리학이 아니라 영화의 스토리텔링이니 조금 거리가 있습니다. 그래도 물리학의 영역에서도, 우리의 삶 속에서도 시간과 공간은 분리된 것이 아닙니다. 시간과 공간이 본질적으로 불가분의 관계를 맺고 있다는 적절한 철학적 참고는 미하일 바흐친의 '크로노토프(chronotope)' 개념이라 할 수 있습니다. 영화 이론에서도 여러 학자들이 그의 개념을 중심으로 영화의 시공간에 대한 논의들을 전개한 바 있습니다.

크로노토프는 chronos(시간)+topos(공간)의 합성어입니다. 바흐친은 크로노토프를 '문학 속에 예술적으로 표현된 시

간과 공간이 본질적으로 지니고 있는 관계의 연관성'이라고
정의합니다. 바흐친도 문학이론가였으므로 문학의 서사를 설
명하면서 이 개념을 사용하기 시작합니다. 우리는 문학이라
는 말을 영화로 바꿔서 읽어도 무방할 것 같아요. 바흐친이
말한 예술적 크로노토프의 특성은 첫째, 시간과 공간의 내적
연관입니다. 전체 예술작품 속에서 시간축과 공간축은 서로
융합하면서 전체를 하나의 직물처럼 직조해 나갑니다. 시간
은 공간과 결합하면서 부피가 생기고 살이 붙어 예술적으로
가시화되고, 공간도 시간, 플롯, 역사의 움직임들로 채워지며
그런 움직임들에 반응한다는 것이지요.* 둘째, 크로노토프는
이야기를 구성하는 기본적인 사건들을 조직하는 중심입니다.
모든 이야기들은 시간과 공간의 배경을 가지고 있습니다. 영
화가 시작하는 장면들은 특별한 경우가 아니면 이야기가 벌
어지는 공간과 시간을 관객에게 알려줍니다. 말이나 문자로
하지 않더라도요. 뉴욕이나 파리의 장면들을 익스트림 롱쇼
트로 보여주면서 아래 연도에 대한 자막이나 설명 내레이션
이 이루어지기도 하죠. 세 번째로 바흐친이 말하는 크로노토
프의 특징은 한 작품이나 단일 작가의 여러 작품 속의 크로
노토프들은 서로 활발하게 상호작용을 한다는 것입니다. 바
흐친의 중요 개념인 대화주의와 관련된 생각입니다. '대화적

---

* 이 부분은 바흐친의 「소설 속의 시간과 크로노토프의 형식—역사적 시학을 위한 소고」를 참조하세요.

크로노토프'라고 할 수 있어요.

미야자키 하야오의 장편 애니메이션들 간의 관계에서 그런 예를 볼 수 있습니다. 미야자키 하야오의 여러 장편 애니메이션들을 관통하는 고유의 크로노토프는 그것이 가시적으로 드러나든 그렇지 않든 제2차 세계대전이라는 시공간입니다. 구체적으로 설정된 공간은 조금씩 다르지만 미야자키 감독은 늘 비행기가 날고 전쟁의 와중에 있는 이 시대적 배경을 선호하는 듯합니다. 〈붉은 돼지〉는 주인공이 전쟁에서는 직접적으로 벗어나 있지만 2차 대전 시기의 이탈리아를 배경으로 하고 있고, 〈하울의 움직이는 성〉에서도 원작과는 다른 전쟁하는 나라를 배경으로 합니다. 밤마다 하울은 누군지도 모르는 적과 싸우러 나가 피투성이가 되어 돌아옵니다. 〈센과 치히로의 행방불명〉의 하쿠도 그렇죠. 그리고 그러한 크로노토프가 적나라하게 드러나는 것이 마지막 작품인 〈바람이 분다〉입니다. 판타지가 아닌 실제 인물과 시대를 바탕으로 한 이 작품은 미야자키 하야오 감독의 크로노토프가 숨김없이 드러납니다. 그리고 그의 작품들끼리 상호작용하는 대화적인 크로노토프의 중심축을 드러낸다고 설명할 수 있습니다. 다시 바흐친의 설명으로 돌아가 보면, 그는 대화적인 몇몇 크로노토프들을 제시합니다. 길, 성, 응접실, 살롱, 문턱의 크로노토프가 그것입니다. 공간으로서의 느낌이 강합니다.

영화적 크로노토프는 실제의 차원을 가진 스크린에서 상영되고 시간 흐름에 따라 전개됩니다. 비비안 솝첵은 영화의 크로노토프는 내러티브 사건들이 전개되는 단순한 시공간적 배경에 그치는 것이 아니라 내러티브와 캐릭터들이 인간의 행동으로 시간화 되어 나타날 수 있는 구체적인 기반이 된다고 했습니다. 그래서 크로노토프를 공간 안에서 시간이 물질화되는 것이라고 이해할 수 있습니다. 우리는 이러한 크로노토프를 영화에서 어렵지 않게 눈으로 확인합니다. 사건과 관련해서는 그 사건이 벌어지는 크로노토프를 보여주는 영화들 중 어떤 도시, 가령 뉴욕이나 파리, 동경이나 홍콩 같은 도시속의 특정한 시공간들을 보여주는 영화들을 떠올려보죠.

여러 시기의 뉴욕이 시공간으로 등장하는 영화들로 제목이 금방 떠오르는 것은 〈갱스 오브 뉴욕〉, 〈뉴욕의 가을〉, 〈맨하탄〉, 〈뉴욕, 뉴욕〉 같은 영화들이 있네요. 물론 훨씬 더 많은 영화들이 뉴욕을 자신의 크로노토프로 삼습니다. 파리를 시공간으로 하는 영화로는 〈파리의 아메리카인〉, 〈내가 마지막 본 파리〉, 〈파리에서의 마지막 탱고〉, 〈미드나잇 인 파리〉, 〈퐁네프의 연인들〉이 얼른 떠오릅니다. 이제는 영국령 중국이 아니라 모국 중국의 일부로 돌아간 1997년 이전 불안한 시기의 홍콩을 그렸던 여러 영화들도 많이 있습니다. 〈중경삼림〉, 〈화양연화〉, 〈영웅본색〉 시리즈 같은 소위 홍콩 느와르라 불리는 영화들이죠. 이 영화들은 홍콩의 역사적 상황과 그 시공간을 알지 못하면 해석이 불가능한 영화들입니다.

그러면 사건이 벌어지는 시간과 공간 이외의 배경에 대해서도 생각해볼까요? 인물과 관련한 배경은 '환경'입니다. 환경은 인물의 물리적 환경과 인간적 환경으로 나눠볼 수 있어요. 물리적 환경은 방, 집, 거리, 도시, 나라, 우주선 안 같은 서사 안의 시공간일 테고, 인간적 환경은 그 인물의 처한 가정, 시대, 성별, 종교, 인습, 도덕, 사회계층, 지적 능력 같은 것들이 될 것입니다. 이런 환경은 영화의 내러티브 안에서 주어지는 정보로 관객이 재구성하거나 인물을 구성하는 바탕이 되는 내용들입니다.

1) 공간

(1) 내러티브(스토리) 공간, 스크린(플롯) 공간

감독이나 촬영감독은 관객에게 보여줄 시간과 공간을 크고 작고, 길고 짧게 절단합니다. 그렇게 잘라지는 시공간을 프레임(frame)이라고 부릅니다. 우리가 육안으로 보는 것과는 다릅니다. 시선에 있어서 선택과 집중을 하게 만들고 어떤 때는 감정을 불러일으키기도 합니다. 그 프레임들을 솜씨 있게 이어 붙여서 리듬감 있게 보여주는 것이 몽타주입니다.

영화에서 외화면(스토리 공간)과 내화면(스크린 공간)의 끊임없는 재연결의 소산이 공간 배경이라고 할 수 있습니다. 그래서 영화의 공간은 근본적으로 유동적이라고 할 수 있습니다. 시간에 대해서는 서술에서 많은 이야기를 했으니 이젠 공간에 대해 생각해봅시다.

영화와 관련된 공간은 세 가지 정도가 있습니다. 내러티브 공간, 스크린 공간, 제작 공간입니다. 내러티브 공간은 이야기가 구축되는 스토리 공간이라고 부르기도 합니다. 디제틱 공간은 영화의 이야기가 펼쳐지는 모든 공간을 의미합니다. 어떤 영화가 뉴욕이라는 내러티브 공간을 보여준다면 영화상에 등장하지 않는 뉴욕의 공간들이 모두 영화 속 스크린 공간이 될 가능성이 있습니다. 그 영화가 전개되는 공간 배경이라고 이해해도 되겠습니다. 이에 비해 스크린 공간은 영화 속에 직접 보여지는 공간들입니다. 뉴욕이라는 내러티브 공간을 가진 영화라면 스크린 공간은 등장인물들이 사는 맨션이나 그들이 다니는 센트럴파크나 뉴욕의 전철 같은 구체적인 공간이 될 것입니다. 스크린 공간은 내러티브 공간에 포함되는 개념이라고 생각하면 됩니다. 내러티브 공간은 전체가 안 보일 수도 있지만 스크린 공간은 영화 속에 직접 제시되는 공간이란 의미입니다. 그러므로 스토리 공간 중에 스크린 공간이 아닌 경우가 많습니다. 〈반지의 제왕〉을 떠올려보면 스토리 상에는 있지만 화면에는 등장하지 않는 공간들

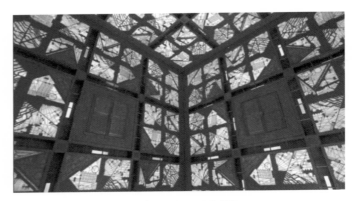

[그림9] 〈큐브〉의 폐쇄 공간

이 있습니다. 스크린 공간은 플롯의 공간이라고 이해하면 되겠습니다. 말이 복잡한 것 같지만 영화가 펼쳐지는 배경이 되는 공간과 그중에도 스크린 상에 직접 제시되는 공간이 있는 것입니다. 서울이 내러티브 공간으로 제시되는 영화라도 그 영화의 사건이 벌어지는 공간은 가령 인사동이나 청와대, 서울대 캠퍼스 같은 구체적인 스크린 공간에서 구축된다는 것입니다. 그리고 영화를 만드는 제작 공간이 있습니다. 화면 밖에서 영화의 스탭들과 배우들이 오가는 공간입니다. 많은 메이킹 필름들이 보여주는 공간이고 영화 제작 현장을 소개하는 프로그램들에서 볼 수 있는 공간입니다. 만들어지지 않은 실재하는 공간이죠. 영화 제작 자체를 주요 소재로 하는 영화의 경우, 이 제작 공간이 스토리 공간이 될 수도 있습니다. 고성을 배경으로 하거나 특정한 시대의 세트들은 가상의 내러티브 공간을 만들어내는 제작 공간이 될 수도 있습니다. 이것은 프로덕션 디자인의 세계에 속할 것입니다. 아마 컴퓨터그래픽이 많이 필요한 영화들은 그래픽 디자이너들이 앉아 있는 컴퓨터 앞이 제작 공간이 될 것입니다.

(2) 열린 공간, 닫힌 공간

기본적으로 열린 공간은 개방적인 공간을, 닫힌 공간은 폐쇄적인 공간을 의미합니다. 하지만 이것은 물리적인 공간이란 점에서 그렇습니다. 심리적으로는 어떤 공간이 개방적 공간이라고 해서 꼭 열려 있는 것도 아니고 폐쇄적인 공간이라도 주인공의 심리 속에서는 한없이 열린 공간일 수 있습니다. 정육면체의 공간에서 살아남기 위해 계속해서 비슷한 공간 속으로 이동하는 사람들의 모습을 보여주는 빈센조 나탈리 감독의 〈큐브〉의 공간은 여섯 명의 인물이 영문도 모른 채 큐브를 빠져나가지 못하면 살해되는 극단적인 상황의 폐쇄 공간을 보여줍니다. 그들은 살기 위해 다른 큐브로 계속 건너가지만 마지막 남은 한 사람만이 환하게 열린 입구를 마주합니다. 이후 〈큐브〉는 여러 편의 시리즈물이 만들어졌으나 이 원전 영화가 가장 좋은 예일 것 같네요.

어떤 감독들은 열린 공간을 선호하는 반면, 다른 감독들은 닫힌 공간을 선호하기도 합니다. 개방적인 공간은 아무래도 로드 무비나 자연주의 성향의 영화들에서 두드러집니다. 구

[그림10] 〈아이다호〉의 열린 공간

스 반 산트 감독의 〈아이다호〉는 아주 개방적인 공간을 보여
주는 영화입니다. 오토바이를 타고 달리는 젊은이들의 모습
을 넓은 하늘과 길 위에서 보여줍니다. 파란 하늘에 구름이
흘러가는 인상적인 타임랩 촬영을 배경으로 방황하는 젊은
이들의 방황과 위험해 보이는 시도들을 매혹적으로 그려냅
니다. 조지 밀러 감독의 〈매드맥스〉 시리즈도 개방적인 공간
을 배경으로 하는 영화입니다. 〈매드맥스: 분노의 질주〉가
보여주는 공간은 개방되다 못해 아득하기 이를 데 없는 초현
실적 공간을 구축하고 있습니다. 〈아이다호〉의 공간이 현실
적인 공간으로 열려 있다면 〈매드맥스〉의 공간은 열려 있지
만 현실적이지 않은 암울한 미래의 공간들을 보여줍니다. 이

에 반해 팀 버튼 감독의 경우 닫히거나 꼬인 공간을 선호하는 경향이 있죠. 〈비틀 쥬스〉, 〈이상한 나라의 앨리스〉, 〈스위니 토드〉, 〈크리스마스의 악몽〉, 〈가위손〉과 같은 영화들은 그가 개방적인 공간보다는 폐쇄적인 공간을 더 선호한다는 것을 확실히 보여줍니다. 사실주의적 감독들은 대개 열린 공간을, 표현주의적 감독들은 보다 폐쇄적인 공간을 선호하는 경향이 있다고 말씀드릴 수 있을 것 같습니다. 물론 법칙은 아닙니다만, 영화는 열린 공간과 닫힌 공간을 선호하든 그렇지 않든 연속적으로 뒤섞이고 이어져가며 서사적으로 어울리는 독특한 공간을 창조합니다.

(3) 공간 속의 공간, 겹친 공간, 연결된 공간

때로 영화의 공간은 겹치기도 하고 공간 속의 공간을 보여주기도 합니다. 공간 자체가 꼬여 있기도 하고 다른 두 개의 공간이 어떤 통로로 연결되어 있을 때도 있습니다. 크리스토퍼 놀란 감독의 〈인셉션〉은 공간 속 공간을 시각화한 대표적인 영화입니다. 아래로 아래로 자신의 꿈속으로 들어가는 이 영화는 수직적 미장아빔의 영화라고 할 수 있습니다. 미장아빔은 '심연으로 들어가기'란 뜻으로 거울 속의 거울 속의 거울 같은 공간을 만들어내는 것에 대한 문학 용어입니다. 이러한 공간은 공포 영화에서 종종 등장하는데 〈인셉션〉의 공간은 미장아빔이 수직적으로 구축되어 있습니다. 림보라는

133

심연으로 끝까지 내려가면 죽음에 이르는 저승적 공간이 펼쳐져 있다고 하지요.

겹쳐진 공간은 〈해리 포터: 아즈카반의 죄수〉의 도입부에서 잘 볼 수 있습니다. 마법사의 세계와 머글들의 세계가 공간적으로 겹쳐 있는 겁니다. 두들리네 집에서 나온 해리가 리키 콜드런으로 가는 마법사 버스를 타고 가는 장

☞ 〈인셉션〉과 수직적 미장아빔

미장아빔(mise-en-abyme)은 심연으로 들어가기, 심연으로 내려가기라는 뜻을 지닌 문학 용어입니다. 원래는 마주보는 거울 사이에서 상이 끝없이 맺히는 시각적 경험을 보여주거나 묘사하는 것입니다. 흔히 엘리베이터나 화장실에서 마주보는 거울을 보면 거울 속으로 한없이 이어지는 상의 반복을 볼 수 있는데, 이는 수평적 미장아빔이라 할 수 있습니다. 한 장면이 끝없이 미분되는 영상이지요. 그런데 이 미장아빔의 방향이 수직적으로 펼쳐지는 것을 영화 〈인셉션〉에서 볼 수 있습니다. 공간 속의 공간, 꿈속의 꿈이 무의식의 심연으로 엘리베이터처럼 내려갑니다. 이에 대한 논의는 김윤아, 「vertical memory, horizontal nostalgia: 웹툰과 영화에서 미장아빔의 방향 전환」, 영상문화 19호, 한국영상문화학회를 참조하세요.

[그림11] 〈인셉션〉의 미장아빔 장면

[그림12] 〈존 말코비치 되기〉　　　　　　[그림13] 〈비틀쥬스〉

면을 떠올려 보세요. 공간이 겹쳐 있기 때문에 마법사 버
스는 자신들을 보지 못하는 머글들의 세계에 혼란을 주지
않기 위해 달리는 버스들 사이를 지날 때 자신의 몸을 납
작하게 줄여서 통과합니다.

　다른 두 세계가 통로를 통해 연결되어 있기도 합니다. 스
파이크 존즈 감독은 데뷔작 〈존 말코비치 되기〉에서 사무실
의 7층과 8층 사이의 이상한 통로에 대해 이야기합니다. 그
통로를 통과하면 누구나 존 말코비치가 됩니다. 옷장 속의
롱코트들 사이를 통과하면 펼쳐지는 나니아라는 나라를 보
여주는 〈나니아 연대기〉, 마법 분필로 문을 그려서 열고 들
어가면 지하세계로 가는 〈판의 미로〉, 어둡고 으스스한 터널
을 통과하는 〈센과 치히로의 행방불명〉, 집 안의 문을 열고
나가면 이상한 세계가 펼쳐지는 〈비틀쥬스〉 같은 영화들이
연결된 공간에 대한 적절한 사례로 꼽을 수 있습니다.

2) 세계관

　판타지나 SF영화들 중에는 서사 공간 전체를 만들어내는 영화들이 있습니다. 고유의 세계관을 가진 영화들입니다. 무척 방대한 스케일의 시공간적 배경을 가지기 때문에 한 편으로 끝나는 경우보다는 시리즈 영화로 만들어지는 경우가 많습니다. 〈스타워즈〉나 〈반지의 제왕〉이 대표적이라고 할 수 있을 것 같아요. 〈스타워즈〉는 어둠의 세력 시스와 공화국의 제다이들 간의 수 천 년에 걸친 치열한 싸움을 그리고 있습니다. 선과 악이라는 두 세력의 대결과 선의 승리라는 주제는 〈해리포터〉 시리즈에서도 볼 수 있는 구도입니다. 판타지 계통의 애니메이션이나 게임 서사를 만들 때 필수적인 것이 세계관의 구축이라고 할 수 있습니다.

　(1) 세계관의 구축

　북유럽신화의 세계관은 J. R. 톨킨 원작의 〈반지의 제왕〉의 세계관에 지대한 영향을 미칩니다. 북유럽신화의 세계에는 여러 종족이 등장합니다. 신과 거인, 난쟁이와 요정들의 9세계가 존재하지요. 주신 오딘과 그의 형제들은 태초의 거인 이미르를 살해하고 그의 몸을 가지고 세계를 만들어냅니다. 이들의 세계는 세계수 이그드라실을 중심으로 신들의 세계 아스가르드, 인간들의 세계 미드가르드, 지하세계 니플헤임

[그림14] 〈반지의 제왕〉의 세계관

의 3층으로 이루어져 있습니다. 신들의 세계 아스가르드에는 바니르 신족의 세계 바나헤임이 존재합니다. 인간들의 세계 미드가르드(중간계)에는 요정들의 세계 알프헤임과 난쟁이들의 나라 다르칼프헤임, 거인들의 요툰헤임이 있습니다. 지하세계에는 불꽃의 나라 무스펠헤임과 얼음의 나라 니플헤임, 그리고 지옥인 헬이 존재합니다.*

톨킨의 소설 『반지의 제왕』은 이러한 북유럽신화의 세계관에 영향을 받아 자신이 구축한 세계의 지도를 그려냅니다. 요

---

* 북유럽신화의 세계관에 대해서는 김윤아 · 문현선 · 이종승, 『신화, 영화와 만나다』, 아모르문디, 2015년을 참조하세요.

정, 인간, 난쟁이, 호빗과 같은 중간계의 여러 종족들이 힘을 모아 사악한 절대반지를 버리러 가는 험난한 여정을 그리고 있죠. 영화에는 그렇게 많이 드러나지는 않지만 미드가르드(중간계, 중간대륙)라는 신화 속의 인간세계를 인간과 요정, 거인, 난쟁이 종족들을 등장시켜 소설 속에 재구축하고 있다는 것입니다. 특히 언어학자이기도 했던 톨킨은 요정이나 난쟁이들의 언어도 만들었습니다. 피터 잭슨의 영화 〈반지의 제왕〉은 그런 톨킨의 세계관을 바탕으로 영화를 만들었지요.

마블코믹스 원작의 영화 〈토르〉도 북유럽신화를 현대적으로 각색하여 블록버스터 SF영화를 만들어 낸 것입니다. 이처럼 있는 신화를 각색하고 활용하는 세계관의 구축은 최근 들어 텔레비전용 대하드라마나 게임의 서사에 필수적인 요소가 되고 있습니다. 없던 세계를 만들어내고 그 안에서 스토리를 찾으려면 세계관을 구축하는 것이 중요하기 때문이죠.

전체 7부 10편씩으로 기획되어 수년째 전 세계적으로 인기를 끌고 있는 〈왕좌의 게임〉도 대표적인 세계관을 가진 드라마입니다. 아일랜드와 스코틀랜드의 켈트신화와 스칸디나비아의 북유럽신화를 많이 참조한 조지 R. R. 마틴 원작의 소설 『얼음과 불의 노래』는 아마 『반지의 제왕』 이후 가장 장대한 스케일의 세계를 창조했다 해도 과언이 아닙니다. 〈왕좌의 게임〉은 얼음과 불이라는 거대한 두 세력을 중심으로 하는 웨스테로스 일곱 왕국들의 흥망성쇠를 그려내고 있습니다.

[동영상16] 〈왕좌의 게임〉의 세계관
패스워드: amormundi

(2) 스펙터클(spectacle)

영화는 태생적으로 스펙터클, 볼거리였습니다. 늘 스펙터클이었던 영화지만 영화의 스펙터클적 성격은 시간이 지날수록 더욱 중요하게 대두되고 있습니다. 빠른 속도와 엄청난 스케일의 볼거리는 텔레비전이나 인터넷과 같은 매체의 홍수 속에서 현대 영화가 활로로 삼아야 할 영화 고유의 요소라고 할 수 있습니다. 〈반지의 제왕〉의 유령 군대가 러시하는 장면이나, 〈그래비티〉나 〈마션〉처럼 우주를 빠르게 유영하는 우주선을 보거나, 아슬아슬한 놀이기구를 탄 것 같은 스릴 있는 장면들을 커다란 화면과 다채널 음향시설을 갖춘 3D나 아이맥스 영화관에서 실감나게 보는 것은 집에서 모니

[그림15] 〈그래비티〉의 우주 스펙터클

터를 통해 보는 영화와는 완전히 다릅니다. 앞으로 영화는 점점 더 스펙터클을 강화하는 방향으로 발전할 것입니다. 이미 컴퓨터그래픽의 눈부신 발전은 애니메이션과의 경계를 모호하게 만들고 있으며 게임이나 드라마, 심지어 만화와 웹툰까지 영화적 기법을 적용하는 경향은 날로 확대될 것입니다. 그에 따라 우리가 영화를 보고 즐기는 상황도 많은 변화를 겪을 것이 예상됩니다. 영화의 스토리텔링도 이러한 추세 속에서 함께 많은 변화를 겪겠지요. 그럼에도 불구하고 우리가 살펴본 스토리텔링의 여러 전략이나 기술들은 여전히 유효할 것이라 생각합니다.

III. 미디어 환경의 변화와 영화 스토리텔링

　최근 영화 스토리텔링에서는 새로운 변화들이 나타나고 있습니다. 영화 스토리텔링의 미시적인 영역을 앞에서 다루었다면 여기서는 스토리텔링을 변화시키는 거시적인 환경에 대해 논하고자 합니다. 특히, 빠른 속도로 변화하는 미디어 환경이 영화 스토리텔링에 미치는 영향을 살펴보고 앞으로 스토리텔링이 어떻게 전개되어 나갈지 전망해보고자 합니다. 영화 스토리텔링은 두 갈래의 방향으로 발전해왔습니다. 첫 번째 방향은 대규모 블록버스터 킬러 콘텐츠를 만들어내는 스토리텔링 전략이고, 두 번째 방향은 다품종 소량생산의 취향 중심 스토리텔링입니다. 즉, 거대 예산을 들이면서 이미지 스펙터클을 중시하는 영화와 폭넓은 주제들을 다양한 취향으로 만들어내는 상대적으로 적은 예산의 영화들로 확연하게 나뉩니다. 이는 영화산업의 지형과 깊이 관련됩니다. 영화는 처음부터 예술인 동시에 산업이라고 하는 이중적 성격을 지니고 있었습니다. 그래서 음악이나 미술 같은 다른 예술들보다 관객의 취향을 고려해야 하는 측면이 컸습니다. 자본에서 자유로울 수 없는 영화의 태생적 한계이기도 하지만 영화가 첨단 기술을 선도하고 그 기술을 활용해 대중적인 흥행을 목표로 한다는 점을 감안하면 앞으로 영화 스토리텔링이 나아갈 방향을 전망할 수 있습니다. 이 두 스토리텔링의 흐름을 편의상 '공룡 스토리텔링'과 '개미 스토리텔링'이라고 이름 붙여 보겠습니다. 그리고 미디어 환경에 보다 예민하게 반응하고 합종연횡이 두드러지는 할리우드의 공룡 스토리텔링을 중심으로 이야기를 풀어보기로 합니다.

1. 공룡 스토리텔링의 특성

우선, 이야기를 만드는 영화 제작 주체들이 먼저 거대 공룡화하고 있다는 점에 주목해야 합니다. 더 많은 자본을 투자하고 더 많은 이익을 창출하려는 공룡 스토리텔링 영화들은 스케일이 크고 보편적인 이야기에 집중하는 경향이 있습니다. 전 세계 상영을 목표로 글로벌 관객들을 대상으로 하기 때문에 스케일이 크고 다양한 사람들에게 어필하는 신화나 신화적 영웅들에 집중하며 그 스스로도 신화가 되어가고 있습니다. 민족이나 국가 같은 공동체의 특수성이 이데올로기적으로 녹아 있는 경우도 있지만, 공룡 스토리텔링은 특수보다는 보편에 더 무게를 둡니다. 그래서 많은 공룡 스토리텔링들이 우주적 질서와 인류 보편의 사회 통합적 가치들을 내세

워 관객을 설득하려는 것은 그리 이상하지 않습니다. 스케일이 크고 스펙터클한 규모가 공룡 스토리텔링 영화에 잘 어울린다고 여깁니다. 그러니 소소한 개인적인 이야기, 미묘한 감정이나 심리적 상황 혹은 밝혀져야 하는 진실보다는 집단이나 공동체, 나아가 전 인류의 흥망성쇠를 다루는 이야기가 되기 쉽습니다. 공룡 스토리텔링의 많은 영웅들은 세계를 구하고 지구를 지켜냅니다. 과정이나 이유보다는 결과가 더 중요하므로 해피엔딩으로 마무리되곤 합니다. 섬세한 캐릭터의 감정선, 정교한 디테일보다는 비현실적인 스토리라인으로 전형적인 인물들이 등장해 강력한 우주적 대의를 보여주는 이야기에 대중이 열광할 것이라는 전제를 가지고 있죠. 마블의 슈퍼영웅들은 함께 연대해 악의 세력을 물리치고, 북유럽 신화의 천둥신 토르까지 어벤져스 군단에 소환되어 합류합니다. 악의 무리를 물리치는 마법 판타지 〈해리포터〉 시리즈나 거인과 요정이 등장하는 북유럽 신화의 세계관을 배경으로 하는 〈반지의 제왕〉 시리즈 같은 판타지 영화들이 이 범주에 속합니다. 우리가 알고 있는 여러 신화들은 인류 보편적인 이야기이고 영화의 기술은 이전에 본 적 없는 멋지고 강력한 이미지들을 구사할 수 있는 수준에 도달했으니, 이런 거대 공룡 스토리텔링과 신화를 접목하는 것은 금상첨화입니다. 그래서 오래전 신들의 이야기를 기본 틀로 삼아 현대의 영웅스토리로 재탄생하는 영화들이 대거 등장하는 것이지요. 더욱이 이 영화들은 한 편으로 완결되는 것이 아니라 몇 년에 걸쳐서 시리즈 영화들로 제작되는 경향을 보입니다. 앞에서 보았던 보글러의 '영웅의 여행모델' 같은 시나리오 전략들이 구사되겠지만 자칫하면 이 영화들은 틀에 박힌 빈약한 이야기가 되기 쉬울 것입니다. 전형적인 인물들과 권선징악 같은 대의명분, 빤한 이야기 구조를 타파하는 것이 공룡 스토리텔링이 극복해야 할 과제가 됩니다. 영화가 볼거리는 많은데 이야기가 엉성하다는 감상평들이 난무하는 것도 공룡 스토리텔링인 경우가 많은 이유입니다. 공룡 스토리텔링인데 이야기가 짜임새 있고 재미있다면 그야말로 대박입니다.

그렇다면 이런 공룡 스토리텔링은 누가 만들어낼까요? 공룡 스토리텔링을 만들고자 하는 사람들이 감안해야 할 점은 블록버스터 킬러 콘텐츠를 지향하는 이야기들은 한 사람의 머리에서 구상되기가 쉽지 않다는 것입니다. 예를 들어 마블의 '어벤져스' 같은 공룡 스토리텔링은 아이언맨, 헐크, 캡틴 아메리카, 앤트 맨, 블랙 펜서, 그린 랜턴 같은 독자적으로 자신의 세계를 오래 지속하고 팬들을 거느려온 복수의 영웅 주인공들이 한꺼번에 등장합니다. 시나리오 작가 한 명의 힘으로 저마다의 역사와 에피소드들이 축적된 슈퍼 히어로 캐릭터들을 엮어 그럴듯한 하나의 이야기로 재구성하는 일은 결코 쉬운 일이 아닙니다. 그래서 스토리텔러들이 집단화하고 그들의 협업 시스템을 통해 이야기가 만들어집니다. 이런 스토리텔링 작업 방식은 필연적으로 재능 있는 한 명의 작가가 만들어내는 독창적인 이야기를 점점 사라지게 만듭니다. 대규모 자본을 들이고 전문가들의 재능을 활용하면서 익숙한 캐릭터, 유명한 스타 배우들이 등장하는 웰메이드 영화가 될 가능성은 많지만 고유하게 날 선 독창성 같은 것들은 필연적으로 무뎌진다는 의미입니다. 각 캐릭터 간의 비중이나 에피소드들이 조율 통합되지 못한다면 전체가 허물어지는 이야기가 될 위험성도 농후합니다. 덩치가 큰 만큼 실패의 위험부담도 큽니다. 그러니 점점 더 몸집을 불리는 방향으로 나아갈 수밖에 없을 것 같기도 합니다. 공룡 스토리텔링이 지닌 또 하나의 특징은 매체간 '각색'이 중요하다는 것입니다. 오리지널 스토리를 만드는 사람도 필요하지만 그것을 다른 매체로 각색하고 변형하는 작업이 중요해집니다. 만화가 애니메이션으로, 단편소설이 영화로, 그것이 다시 게임으로 만들어지는 원소스 멀티유즈(one-source multi-use)의 경향은 더 심화될 것이기 때문에 원작 이야기 한 편이 각기 다른 매체들에서 그에 맞게 변형된 형태로 활용, 소비되고 스토리텔링 될 것입니다. 하나의 성공적인 이야기가 다양하게 변주되는 것이지요. 그 때문에 매체간 각색 문제가 강조되는 것입니다. 이에 대해서는 구체적이고도 실질적인 연구가 필요할 것입니다.

마블의 대표적인 슈퍼영웅인 스파이더맨의 예를 들어볼까요? 1962년 처음 마블코믹스에 등장한 스파이더맨은 이후 여러 편의 영화와 애니메이션, TV시리즈 등 다양한 매체로 제작되었습니다. 판권이 MGM으로 팔렸다가 소니픽처스에게 넘어가면서 우여곡절을 겪기도 한 스파이더맨은 거미줄로 도시를 이동하는 장면을 컴퓨터그래픽 기술로 구현할 수 있게 되자 어떤 슈퍼 히어로들보다 실사 영화화가 활발하게 이루어졌습니다. 스파이더맨 시리즈는 〈스파이더맨〉(2002), 〈스파이더맨2〉(2004), 〈스파이더맨3〉(2007), 〈어메이징 스파이더맨〉(2012), 〈어메이징 스파이더맨2〉, 〈스파이더맨 홈커밍〉(2017), 〈스파이더맨 파 프롬 홈〉(2019)과 같은 여러 편의 영화로 만들어졌습니다. 다른 영웅들과 다르게 스파이더맨은 왕자나 공주도 아니고, 갑부도 아니며, 다른 별에서 온 외계인도 아니고, 그저 보통 사람, 서민 출신 영웅입니다. 지속적으로 시리즈물이 만들어지는 이유에는 스파이더맨에 대한 미국인들의 각별한 애정이 보이기도 합니다. 소니픽처스 엔터테인먼트의 계열사인 컬럼비아픽처스에 의해 만들어진 〈스파이더맨 뉴 유니버스〉는 만화적인 원작의 이미지들을 신선하게 애니메이션화 하면서 2019년 제91회 아카데미 장편 애니메이션 상을 수상했습니다. 또한 2002년 이후 영화화와 함께 본격적으로 시작된 스파이더맨 게임은 도시를 빠르게 이동할 수 있는 웹스윙(손에서 나가는 거미줄을 건물에 부착해 마음껏 도시를 이동하는 스파이더맨의 능력)으로 인기를 끄는 고품질의 게임으로 정평이 나 있습니다. 이처럼 만화－영

화-애니메이션-게임과 같은 여러 매체를 통해 스파이더맨
이라는 원래 이야기는 지속적으로 변형되고 변주되고 패러디
되면서 스토리를 축적하며 역사를 만들어갑니다.

2. 공룡 스토리텔링 전략과 거대 미디어 그룹

그러면 공룡 스토리텔링의 전략은 무엇이고 이들을 생산하
는 미디어 그룹들은 어떤 상황일까요? 미국의 대공황 시기가
지나면서 영화사에는 장르 영화들이 등장하게 됩니다. 경제
가 어렵던 시절 많은 예산이 들어가는 A급 영화들에 끼워 팔
려고 만들기 시작한 것이 B급 영화입니다. 가난했던 관객들
은 끼워 팔린 B급 영화들을 동시상영의 형태로 관람했습니다.
영화 한 편의 값으로 싸구려 장르 영화까지 2편을 본 것이죠.
이 B급 영화들은 빤한 이야기에 비싼 배우들을 쓰지 않았고
적은 예산으로 만들어졌습니다. 이런 영화들은 손익분기점을
넘기기만 하면 되는 엇비슷한 이야기 패턴을 지닌 장르 영화
로 발전합니다. 적은 비용을 들여 망하지 않고 투자 위험을
회피하려고 발명된 장르 영화의 문법들은 지금에 와서 그 자
체로 흥행의 기본 공식이 되었습니다. 장르 영화의 미덕은 이
미 검증된 이야기들을 반복적으로 만들어 흥행 실패의 위험
을 최소화하려는 것입니다. 익숙한 이야기 구조, 시각적 장르
도상, 첨단 영상테크놀로지를 바탕으로 만들어지는 공룡 스

토리텔링은 장르 영화들의 검증된 문법과 관습을 십분 활용하며 흥행을 유도합니다. 이제 큰 예산을 투여하는 A급 블록버스터 영화들이 B급 장르 영화의 스토리텔링 전략을 노골적으로 취하고 있는 상황인 것이죠. 공룡 스토리텔링 영화들은 흥행에 실패하는 영화가 되지 않기 위해 특별함보다는 대중적이고 일반적으로 예상 가능한 스토리텔링 전략을 채택합니다. 그러므로 워낙 대규모 자본이 투하되는 공룡 스토리텔링은 웬만하면 이야기로 모험을 하지 않습니다. 익숙하고 보편적인 이야기인 신화 영웅 서사의 장르적 관습과 캐릭터들을 가지고 이전과 아주 많이 다르지는 않고 대중 관객들이 감당할 수 있는 적당한 수준의 나름대로 신선한 이야기들을 개발하는 것이 공룡 스토리텔링 전략의 핵심입니다. 이미 영웅서사를 기본으로 한 슈퍼영웅들의 활약은 블록버스터 스펙터클 영화로 극장을 장악했다고 해도 과언이 아닙니다. 이 공룡 스토리텔링을 만들어내는 굴지의 미디어 그룹들은 기업인수합병을 통해 각각 다른 회사 소속이던 슈퍼 영웅들을 문어발처럼 집어삼켜 하나의 소속사로 통합해가고 있는 현실입니다. 개별 영웅들이 모여 있으니 이제는 한 회사 안에서 영웅 스토리의 차별성을 모색해야 하는 콘텐츠의 독창성이 요구됩니다. 그 안에서도 성공하는 슈퍼영웅과 그렇지 못한 슈퍼영웅이 생겨나겠죠. 장르의 반복과 변주를 구사하는 여러 방법들은 여기서도 유효해 보입니다. 이러한 거대 공룡 스토리텔링들은 엄청난 자본을 기반으로 새로 판을 짜며 경쟁을 더욱 격화하게 될 전망입니다.

특히, 미키마우스와 백설공주로 시작한 애니메이션 스튜디오 디즈니는 마블과 픽사, 루카스 필름, 20세기 폭스까지 거느린 영화 콘텐츠계의 명실상부한 초거대 공룡으로 등극했습니다. 〈스타워즈〉의 루카스 필름이나 〈토이스토리〉, 〈인크레더블〉, 〈라따뚜이〉나 〈업〉 같은 독창적인 이야기를 만들어 온 픽사, 〈아바타〉, 〈혹성탈출〉, 〈엑스맨〉, 〈심슨 가족〉 같은 폭스의 캐릭터들로 진영을 갖춘 디즈니는 그야말로 콘텐츠 왕국이라 할 것입니다. 현재 디즈니 최대의 강적은 비디오 대여점으로 시작한 넷플릭스입니다. 새롭고 공격적인 방식으로 다양한 드라마와 영화 콘텐츠들을 확보하며 강력하게 부상한 드라마 왕국 넷플릭스 이외에도 타임워너와 손잡는 이동통신사 AT&T는 HBO의 〈왕좌의 게임〉, 〈배트맨〉, 〈해리포터〉, 〈호빗〉 시리즈 같은 콘텐츠를 보유하며 미디어 유통망을 거머쥐려 합니다. 거대한 미디어 그룹들이 무한경쟁에 돌입하고 있습니다. 얼마 전부터 디즈니는 넷플릭스에 자신들의 콘텐츠를 공급하지 않기로 하였습니다. 이러한 격화되는 경쟁과 산업적 변화는 이미 영화와 드라마 사이의 경계를 넘나들며 새로운 스토리텔링의 방식을 찾을 것을 요구합니다. 50분짜리 드라마 1회의 제작비가 2시간이 넘는 영화 한 편당 평균 제작비를 상회하는 수준이 되면서 수많은 이야기들이 제작비가 높은 곳으로 블랙홀처럼 빨려 들어가는 형국입니다. 특히 넷플릭스는 자신들의 장기인 빅데이터 전략과 매체를 가리지 않는 멀티플랫폼 전략을 취하며 유례없는 공격적인 콘텐츠 투자 전략을 구사하고 있습니다. 제작이 결정되고 투자가 시작되면 콘텐츠의 내용을 문제 삼지 않고 오직 납기일만을 중시한다고 합니다. 그런 공격적인 투자는 넷플릭스를 다양한 콘텐츠들을 길러내는 시스템으로 만들고 있습니다. 그리고 이런 콘텐츠들은 매체를 넘나들 뿐 아니라 그들이 유통되는 여러 종류의 플랫폼의 형태도 가리지 않습니다. 모바일, 영화관뿐 아니라 IP TV와 PC로도 볼 수 있습니다. 그동안 사장되고 잊혀졌던 콘텐츠들이나 오타쿠적 드라마나 영화들, 비상업적 다큐멘터리, 실험성이 강한 콘텐츠들도 다양한 관객들의 취향과 만날 가능성이 높아진 것입니다. 이렇게 만들어지는 다양한 콘텐츠들은 공룡이 아니라 개미 스토리텔링일 것입니다. 양질의 스토리텔링 콘텐츠는 매체를 가리지 않는다는 점을 증명하고 있습니다.

3. 이야기의 매체 적합성

영화와 드라마의 스토리텔링 상의 차이는 존재합니다. 소설에 어울리는 이야기도 있고 연극으로 더 효과적인 이야기도 있습니다. 만화보다는 애니메이션이, 영화보다는 게임이

더 어울리는 이야기도 있는 것이 사실입니다. 그러나 이야기마다 매체 적합성이 존재하는 것은 사실이지만 여전히 원소스 멀티유즈의 내러티브 전략은 유효합니다. 〈소스코드〉나 〈엣지 오브 투모로우〉 같은 타임루프 영화들은 이야기 구조 자체가 '잘 할 때까지 반복하는' 게임처럼 전개됩니다. 미션을 클리어 해야 끝나는 것이죠. 만화 「데쓰노트」는 애니메이션으로 만들어지고 실사 영화로도 제작되었습니다. 그중 애니메이션이 가장 그 이야기에 적합한 성공적 매체였다는 것이 판명되었습니다. 수 백화에 달하는 애니메이션이 느리게 진행되는 만화 원작을 추월하고 나아가 자신만의 이야기를 창조하기도 합니다. 만화 「올드보이」는 박찬욱 감독의 영화 〈올드보이〉로 재탄생하여 명작의 반열에 올랐습니다. 만화책보다는 실사영화로 만들어지는 것이 훨씬 스토리텔링에 적합했던 것입니다. 원작만화는 그런 반향을 불러일으키진 못했습니다. 같은 이야기가 여러 매체에서 성공하는 경우도 있습니다. 해리포터 시리즈의 경우 소설로 세계적인 성공을 거두었고 그 성공을 기반으로 영화 시리즈로도 흥행에 성공합니다. 완결되기 전에 이미 영화화가 시작되었으므로 영화와 소설이 하나의 스토리텔링을 견인했다고 볼 수 있을 것 같습니다. 책을 읽지 않아도 해리포터 이야기는 영화를 통해 요약되면서 누구나 다 아는 널리 알려진 스토리텔링이 됩니다. 원스토리텔링과 그것이 구현되는 방식에 관한 정해진 법칙은 없는 것 같습니다. 채 완결되지 않은 스토리텔링이 다른 매체로 옮겨 가면서 원작의 이야기를 앞질러 가기도 하고 아무리 잘 만들어진 원스토리텔링이라 하더라도 어떤 매체에서는 쓴 맛을 보기도 합니다. 다양한 방식의 스토리텔링을 상상해 볼 수 있는 지점이며 스토리텔링에는 왕도가 없다는 것이 설명되는 현상이기도 합니다. HBO의 드라마〈왕좌의 게임〉과 최근 넷플릭스의 투자로 제작된 한국 드라마〈킹덤〉은 많은 시사점을 던져줍니다. 시리즈로 만들어지는 드라마는 두 시간 안팎의 영화가 하지 못하는 섬세한 디테일과 확장된 캐릭터의 구축, 복잡한 이야기 구조를 효과적으로 보여줍니다. 사극좀비 드라마인〈킹덤〉은 넷플릭스의 직접 투자로 제작되었으며 시즌 1의 성공 이후 바로 시즌 2의 촬영에 돌입했습니다. 풍족한 제작비에 힘입어 넷플릭스 드라마인 6부작〈킹덤〉은 유사한 스토리의 한국형 사극좀비영화인〈창궐〉이 미처 보여주지 못한 확장된 스토리텔링의 디테일과 정교한 캐릭터 구축을 보여주었습니다. 다른 여러 흥행 요소들이 있겠지만 우리는 스토리텔링 방식의 차이와 변화에 주목할 필요가 있습니다. 사실 영화와 드라마 스토리텔링은 스토리 전개의 속도와 호흡, 인물화 과정, 사건들을 쌓아나가는 방식에 있어 많은 차이가 있습니다. 움직이는 사진인 영화는 두 시간여 동안 압축적이고 이미지 중심적인 스토리텔링을 통해 주제의식을 전달합니다. 반면 소리만 있던 라디오에서 기원하는 드라마는 이미지보다는 이야기 중심적인 성향이 강하고 시리즈로 진행되기 때문에 흘러가는 성질을 갖는다고 할까요? 그런데 이러한 일반적인 스토리텔링의 차이를 말하는 것이 무색한 방향으로 변화하고 있는 것입니다. 드라마는 점점 더 이미지를 더 강조하는 방향으로, 영화는 점점 더 이야기의 정합성을 중시하는 방향으로 확장됩니다. 특히 한국의 텔레비전 드라마의 경우 관객들의 요구를 반영하며 결말이 변하는 유연함(동시에 불완전함)까지 보여줍니다. 영화와 드라마 사이에 존재하던 스토리텔링의 차이와 경계가 허물어지고 서로 스며들고 있습니다. 그렇지만 허물어지는 경계에도 불구하고 이야기의 매체 적합성이 모두 사라지는 것은 아니라는 점도 함께 기억해야 합니다. 같은 맥락에서 〈왕좌의 게임〉의 원작자 조지 R.R. 마틴은 자신의 소설이 성공을 거두면서 많은 제작자들의 영화화 제안을 받았지만 이를 모두 거절했다고 합니다. 스케일이 방대하고 등장인물이 많은 이야기를 2~3시간의 영화 몇 편으로 축약해 보여줄 수 없다고 생각했을 것 같습니다. 각색을 아무리 잘한다고 해도 대하소설의 묘미가 영화 몇 편으로 느껴지기는 어렵습니다. 영화화가 되었더라도 전체적인 스토리텔링의 완결성이나 이야기 전개에 문제가 생길 수밖에 없었을 것 같습니다. 소설 『왕좌의 게임』의 매체 적합성은 영화보다는 드라마로 만들어졌을 때 효과적이라는 의미입니다. 드라마 〈왕좌의 게임〉은 원래 50분짜리 10화의 드라마가 1시즌으로 만들어져 7부작으로 기획되었으나, 폭발적 인기에 힘입어 전체 8부로 완결될 예정입니다. 1년마다 1시즌의 드라마가 방영되면서 8년을 지속한 킬러 콘텐츠가 된 것이죠. 『토지』나 『태백산맥』 같은 장대하고 아름다운 대하소설들이 드라마로 만들어질 수 있었으면 하는 생각이 듭니다. 물론 그 작품들이 가지고 있는 문학성은 영상으로 잘 각색되어야 하겠지만요.

한국의 영화감독들도 넷플릭스의 투자를 받아 영화를 만들었습니다. 봉준호 감독이 넷플릭스의 투자로 〈옥자〉를 만들었고 얼마 전 인기리에 방영되었던 드라마 〈미스터 선샤인〉도 넷플릭스가 판권을 사들여 190개국에 유통시켰다고 합니다. 영화와 드라마 모두 매체 환경의 급격한 변화에 넘나들고 스며들고 때로는 자기 영역을 지키며 여러 가지 방법으로 총력 대응하고 있는 것입니다. 이런 변화는 스토리텔링의 새로운 방법을 모색하는 기회이기도 합니다. 넷플릭스를 중요하게 언급하는 이유는 자본의 크기는 공룡이지만 그들이 만들고자 하는 스토리텔링의 지향은 개미 스토리텔링이라는 점 때문입니다. 전문가들에 따르면 그들의 콘텐츠 개발 전략은 빅데이터, 멀티플랫폼, 콘텐츠 투자의 세 가지 원칙으로 이루어진다고 합니다. 비디오 대여점 시절부터 활용한 빅데이터 시스템을 기반으로 관객들의 취향을 최우선으로 고려하는 것입니다. 그리고 여러 플랫폼을 자유자재로 활용하며 기존의 공룡 스토리텔링과는 다른 행보를 보입니다. 플랫폼의 형식들과 상관없이 다양한 콘텐츠를 확보하여 제공하는 넷플릭스의 전략은 스토리텔링의 새로운 변화를 유도할 것으로 보입니다. 더구나 투자가 결정되면 콘텐츠의 내용에 대해서는 간섭하지 않는다는 넷플릭스의 정책은 거대 투자자본들 사이에서 독창적이고 특이한 스토리텔링의 가능성을 열고 있는 것처럼 보입니다.

4. 개미 스토리텔링의 대두

이제 공룡 스토리텔링과 다른 개미 스토리텔링의 전략에 대해 짧게 살펴봐야겠습니다. 드넓은 우주에 수많은 별들이 있고 그중에는 환하고 큰 별도 있지만 아주 작은 행성들이 수도 없이 존재합니다. 더구나 우주는 지금도 끝없이 팽창하고 있습니다. 개미 스토리텔링은 수많은 이야기 중에 엄청난 예산을 쓰는 킬러 콘텐츠는 아니더라도 삶의 의미를 되새기게 하고 위안을 주거나 즐겁게 낄낄거리며 웃을 수도 있고 머리칼이 쭈뼛 서는 공포의 경험을 주기도 하는 하늘의 별처럼 많은 이야기들이라고 할 수 있습니다. 이런 이야기들을 여러 범주와 갈래로 나누는 것이 마땅하겠지만 미디어 환경의 급변이라는 측면에서 글을 쓰고 있으니 개미 스토리텔링이라고 통칭하겠습니다. 전체 스토리텔링에서 공룡 스토리텔링을 제외한 여집합이 모두 개미 스토리텔링이라고 할 수 있을 것 같네요. 위에서 언급한 넷플릭스 같이 공격적으로 세를 늘려가는 콘텐츠 공룡은 비유하자면 모든 것을 빨아들이는 블랙홀일 것입니다. 막대한 자본으로 개미 스토리텔링을 빨아들이는 블랙홀이지만 그중에 가능성이 있다고 판단되는 개미 스토리텔링을 순식간에 공룡으로 만들어내는 뻥튀기 기계 같은 것일 수도 있겠습니다. 개미 스토리텔링 입장에선 위기이자 기회일 것 같네요.

개미 스토리텔링은 극장가를 다 쓸어버리는 공룡 스토리텔링 영화와는 달리 다채로운 취향의 독창성과 개성이 있는 영화들을 만들어냅니다. 개미라고 칭하는 의도는 영화의 예술성이나 완성도 같은 질적인 측면의 이야기는 아닙니다. 공룡에 비해 덩치는 비교할 수 없이 작지만 그 수가 압도적으로 많고 감정선의 디테일이 살아 있으며 예술로 구현되기도 하는 영화들을 지칭하기 위함입니다. 사실 대부분의 상업 영화들은 공룡이 되기를 원하지만 그런 성공은 그리 쉬운 것이 아닙니다. 자본의 규모면에서는 공룡 스토리텔링 영화들이 어마어마하지만 공룡 몇몇을 제외한다면 개미 스토리텔링 영화들이 대부분을 차지합니다. 영화가 대중문화 상품이 아니라 예술이라는 점을 확인시켜주는 것도 대부분 개미 스토리텔링 영화들입니다. 상업적 성공을 목표로 하지 않는 영화는 많지 않겠지만 그런 예술정신이 살아 있는 수많은 영화들, 자신만의 주장이나 독창적이고 개성 있는 예술세계를 만들어내는 영화들, 삶의 소소한 행복과 인생의 한 면을 드러내는 담백한 영화들도 있을 것입니다. 최근에는 개인적인 차원에서 만들어지는 사소설이나 일기 같은 영화들도 많이 등장합니다. 영화의 진정한 힘은 공룡 스토리텔링이 아니라 개미 스토리텔링들에서 나오는 것 같습니다. 더구나 소셜 네트워크를 통해 1인 방송으로 자신을 알리는 시대입니다. 공룡 스토리텔링이 아니라고 위축될 필요는 전혀 없습니다. 기술적인 발전은 공룡 스토리텔링도 만들어냈지만 개미 스토리텔링에도 전보다 훨씬 많은 가능성을 열어놓았습니다. 그러므로 스토리텔링의 세계에서도 누구나 자기 이야기를 자기 방식대로 할 수 있는 가능성이 커진 셈입니다. 기술적 발전과 영화제작에 있어 진입장벽이 점차 사라져가는 지금이 하늘의 별들 같은 개미 스토리텔링의 전성시대라고 할 수 있을 것입니다. 공룡 스토리텔링이든 개미 스토리텔링이든 이야기는 언제나 삶을 이어갑니다. 셰에라자드처럼 말이지요.

나오는 글

지금까지 영화 스토리텔링과 관련한 주제들을 정리해 보았습니다. 영화는 자유롭게 설정되는 공간 속에서 벌어지는 시간의 예술이라는 이해를 기본으로 인물, 사건, 배경, 목소리, 시점 등을 살펴보았습니다. 이 작은 책 한 권으로 영화 스토리텔링의 각 주제에 대해 보다 자세하게 말할 수는 없었지만 이 분야에서 다루어지는 영화 담론들에 대해서는 전체적인 지도 그리기가 되지 않았나 생각합니다.

인물에 대한 보다 심화된 내용은 영화배우와 영화 연기를, 사건에 대한 담론으로는 영화 장르에 대한 논의들을, 시간의 구성은 몽타주와 편집을, 시선의 릴레이는 프레임과 미장센 그리고 카메라 무브먼트를, 시점에 대한 논의는 사운드 담론의 세분화된 내용을 더 공부하시면 도움이 될 것 같습니다. 영화 스토리텔링에 있어서 신화적 이야기 구조, 사건이나 목소리, 시점 같은 각각의 심화된 주제들에 대해서는 '아모르문디 영화 총서'에서 여러 다른 책들을 준비 중입니다. 많은 관심을 가져 주시기 바랍니다.

이제 마칠 시간입니다. 재능 있는 영화의 세에라자드가 되는 일이 쉬운 것은 아니지만 불가능한 것도 아닙니다. 실질적인 도움이 되었기를 글쓴이로서 진심으로 바랍니다. 여기까지 함께해 주신 여러분, 고맙습니다.

■ 참고문헌

<u>단행본</u>

아리스토텔레스, 『시학』, 이상섭 역, 문학과지성사, 2005.

H. 포터 애벗, 『서사학 강의』, 우찬제 외 공역, 문학과지성사, 2010.

시모어 채트먼, 『원화와 작화』, 최상규 역, 예림기획, 1998.

앙드레 고드로·프랑수아 조스트, 『영화 서술학』, 송지연 역, 동문선, 2001.

서정남, 『영화 서사학』, 생각의 나무, 2004.

마이클 티어노, 『스토리텔링의 비밀』, 김윤철 역, 아우라, 2008.

사이드 필드, 『시나리오란 무엇인가』, 유지나 역, 민음사, 1992.

루이스 자네티, 『영화의 이해』(개정 7판), 김진해 역, 현암사, 1999.

데이비드 보드웰·크리스티 톰슨, 『영화예술』, 청동카메라그룹 역, 아이랑글
    방, 1992.

로버트 스탬, 『영화이론』, 김병철 역, K-books, 2000.

토마스 앨새서·말테 하게너, 『영화이론』, 윤종욱 역, 커뮤니케이션북스,
    2012.

김윤아·이종승·문현선, 『신화, 영화와 만나다』, 아모르문디, 2015.

블라디미르 프롭, 『민담형태론』, 황인덕 역, 예림기획, 1998.

조지프 캠벨, 『천의 얼굴을 가진 영웅』, 이윤기 역, 민음사, 1999.

캐롤 피어슨, 『내 안의 6개의 얼굴이 숨어 있다』, 왕수민 역, 사이, 2007.

크리스토퍼 보글러, 『신화, 영웅, 그리고 시나리오 쓰기』, 함춘성 역, 무우
    수, 2005.

존힐·파멜라 처치 깁슨, 『세계영화연구』, 안정효·최세민·안자영 역, 현암
    사, 2004.

자크 오몽, 『영화 감독들의 영화이론』, 곽동준 역, 동문선, 2002.

패트릭 터커, 『스크린 연기의 비밀』, 방은진 역, 시공사, 1999.

토마스 샤츠, 『할리우드 장르의 구조』, 한창호·허문영 역, 1995.

베리 랭포드, 『영화장르』, 방혜진 역, 한나래, 2010.

조엘 마니, 『시점』, 김호영 역, 이화여자대학교 출판부, 2007.

김윤아, 『예술로서의 애니메이션』, 일지사, 2010.

조은하, 『애니메이션 시나리오 쓰기』, 랜덤하우스, 2008.

슬라보예 지젝, 『신체 없는 기관』, 김지훈·박제철·이성민 역, 도서출판b, 2006.

논문

김윤아, 「Vertical memory, horizontal nostalgia : 웹툰과 영화에서 미 장아빔의 방향전환」, 『영상문화』 19호, 한국영상문화학회. 2012.

____, 「그것은 영화인가, 애니메이션인가 : 인간의 형상을 중심으로」, 『현대미술과 미술관』 창간호, 서울시립미술관, 2009.

※ 독자의 이해를 돕기 위해 동영상 예시들을 QR코드 링크(비밀번호: amormundi)를 통해 제공합니다.